HOJAS DE HIERBA

Walt Whitman

1855

No hay dios
más divino
que tú mismo.
Viejo Walt

Hojas de hierba

Walt Whitman

1855

Traducción de Armando Vasseur

Proyecto Whitman – Poesía

-El -Quijote -Literario

EDITORIAL
MUNDO
EÓLICO

Traducción de Armando Vasseur.
Autores clásicos.
Notas y edición de El Quijote Literario.
Proyecto Whitman – Poesía. Volumen 50.
EL Quijote Literario. Primera edición.

Diseño de carátula e interiores: Hermanos Donatti.
Creado en Latinoamérica.
ISBN: 9798393312954.

Preludio al viejo Walt

Para ver el mundo en un grano de arena
y el cielo en una flor salvaje,
abarca el infinito en la palma de tu mano
y la eternidad en una hora.
William Blake

Yo te saludo, viejo océano.
Lautreamomnt

ESTAS HOJAS DE poesía —editadas por El Quijote Literario para lectores del siglo XXI— dan forma al museo transparente de la libertad: donde versos y verbos y palabras se alzan cual aves de cristal: jardines que germinan en una sangre luminosa. El viejo Walt, con sus dedos de barro, las talló entre los años de 1854 y 1888. Las primeras impresiones de *hojas de hierba* eran folletos de sesenta páginas. Walt, que trabajaba como linotipista, hacía la impresión en su casa. Por ese entonces el *Canto a mí mismo* estaba *in*-manifiesto en el silencio de sus venas... en los ricos latifundios de sus manos, en la geografía de su rostro, en la sinfonía de sus ojos..., para tomar años después su esencia de manantial.

Walt nació en Long Island —una isla situada frente a Nueva York— un 31 de Mayo de 1819. Fue un ferviente lector de Emerson. Soñaba con crear un poema-átomo donde *él y el universo* fuesen un mismo lenguaje; soñaba con ser hermano de las aves; soñaba un vocablo que llevara a sus venas la vastedad del infinito. Soñaba ser amigo del hombre, maestro de sí mismo, alumno de las flores y las mariposas, profeta de la montaña y del insecto, del viento y de las nubes, de la noche y del otoño, del mar y la tormenta. Trabajó en una ecuación poética capaz de captar —y aún en los detalles más minuciosos— lo más simple y, a la vez, lo más sagrado. Soñó la sencillez, las transparencias..., y tenía la intención de encumbrarse en aquellas cimas interiores (y secretas) del alma humana. Rompiendo los cánones estéticos de su época, se afirmó en el verso libre. Quería revolucionar el lenguaje y construir con éste las semillas de un bosque donde los hombres se descubrieran *hermanos del árbol*. Quería decir que la mariposa es el motor del cual se origina el cielo azul, para decir que dicho cielo estaba —también— en las hojas de los árboles, allí, incógnitamente. Sabía que ese cielo y esa mariposa y el río y la roca y el olor de un pétalo yacían en su interior: fluían. Quería viajar en sí mismo. Algo como hacer de sí una escultura cósmica,

donde fuese posible el amor,
donde, en tu sangre,
en lo más profundo de ti,
descubrieras las puertas de la eternidad
abiertas de par en par, como olores,

donde lo femenino y lo masculino
fueran tierra, aire, astro, fueran océano
y el horizonte la piel donde se unieran,

donde fuese posible la amistad,
donde la poesía fuese posible,
donde la palabra, un puente...

donde... al ver tus pupilas,
vieras la infinidad de las galaxias.

Que su poema fuera nuestro... Y el viejo Walt lo susurró a tu oído. «*Tócame*», escribió, «*toca la palma de mi mano en mi cuerpo..., cuando pase, y no temas a mi cuerpo...*» Escribió, danzó, cinceló: «*Ven... Quizá esté en todas partes, en el agua y en la tierra*»

«*Descansa conmigo en la hierba, suelta el tope de tu garganta. Lo que quiero, no son palabras..., ni música ni rima, ni costumbres, ni conferencias..., ni siquiera lo mejor. Sólo la calma que me embruja, el zumbido de tu voz valiosa. Debes acostumbrarte al deslumbramiento de la luz y de cada momento de tu vida. Ama la tierra, el sol y los animales, desprecia las riquezas materiales; da tu ayuda a quienes te pidan..., defiende a los estúpidos, a los locos; da tu dinero y tu trabajo a los demás...*»

Ven, ven con W. Whitman, este día, o esta noche: y aprende a su lado el algoritmo de todos los poemas. Recibe estas letras: canciones hechas con la música del viento, con el idioma de la montaña, con la materia de los sueños y con los astros de la rebeldía.

Ven; el viejo Walt cincelaba aves:
las regó en el cielo secreto de tu pecho.
Ven; sus brazos eran una lira.
Ven a oír sus melodías, que son tuyas.
Ven; su verbo (que era fiesta) danza
en las regiones de una república de hojas.

*

Para finalizar, recordemos que W. Whitman, cada año, publicaba una versión mejorada de sus *hojas de hierba*. Quería dar al mundo la desnudez del rocío y los papiros del viento..., pues sabía que: «*Un escritor no puede hacer nada por los hombres, más que revelarles aquella posibilidad infinita de sus propias almas*».

Sean estas hojas, paisajes ante tus ojos.
Sean tus ojos, espejos de agua y de poesía.
¡Dame la mano, Walt Whitman!
¡Aquí comienza el desfile de las maravillas,
de los espectáculos, de los estruendos!
(...)

Sean, entonces, estas apasionadas y palpitantes *hojas de hierba* el evangelio secreto de la vida. ¡Sean!

-El -Quijote -Literario

Introducción al poeta de la democracia

Ebriedad en las flores de Walt Whitman

Creo, viejo Walt, que tu boca era un río.
Tu rostro: un mar.
Tu piel: arena.
Tu cuerpo: roca.
Tu voz: un cisne, brotando en las transparencias
del rocío.

Un pájaro vivía en tus ojos.
Las montañas nacían de tus manos.

Tu corazón era un bosque,
un bosque
de hojas de hierba de estambres de poesía,

de fragancias de albores de líquenes de olas de sal
y de espuma,
un bosque de colores de nácar de raíces cinceladas
por cisnes.

Viejo Walt,
        tu barba: una nube,
nube de orquídeas de barro de blancas cuerdas de
guitarra.

Por tu sangre viajaba la ebriedad de la noche
con la luz íntima de los átomos y las estrellas.

Viejo Walt, tu poesía nacía de la hierba
y viajaba en las estrellas vespertinas.

En tus pupilas de luna nacía el fuego blanco y
perenne:
        la perenne armonía.

                Tu palabra: vuelo.
        Tu mirada: sinfonía.
                Tu música: semilla.
        Tu semilla: luz.
                Tu luz: viento.
        Tu pecho: astro.
                Tu rostro: un niño.
        Tu silencio: una música.

                Una música.
                                Una musa.
                Una música.

Viejo Walt, tu pelo era de lluvia y tu cuerpo un país cósmico.
Tu palabra: estepa.
Tu verso: arroyo, ola, río.

En tu cuerpo de tierra
brotaban asteroides,
volaban equinoccios,
florecían madreselvas.

Tu piel era...
es... el origen del aire,
es... la semilla del mar,
es... la ensoñación del amanecer,
es... la magia de un ruiseñor.

Viejo Walt, ven conmigo,
este día y esta noche,

Y enséñame el origen de todos los poemas,
Y enséñame la esencia de las aves,
Y enséñame el origen de los árboles,
Y enséñame la vastedad del cielo,
Y enséñame a cincelar lumínicos cipreses,
Y enséñame el atavío de la belleza,
Y enséñame la desnudez del agua,
Y enséñame el murmullo del alba,
Y enséñame la lengua de la luz.

Viejo Walt, te festejo y te canto,

a ti mismo.

Viejo Walt, festejo tus perfumes,
y tu hierba.

Te leo en los brotes del estío
y te canto un secreto de flores ebrias:
flores ebrias de vino
ebrias de misterio
ebrias de alas
alas ebrias de aroma
y aromas ebrios de infinito.

David Donatti
Buenos Aires
Julio de 2018

PRIMERA PARTE

I. POEMAS

En el mar

En el mar, sobre naves alveoladas de camarotes,
El azul sin límites se extiende por doquiera,
Con los vientos que silban y la música de las ondas, de las grandes imperiosas ondas;
O bien, en alguna barca solitaria, llevada sobre el denso mar,
Gozoso y lleno de fe, desplegando sus blancas velas,
En el barco que hiende el éter entre la espuma relampagueante del día, o de noche, bajo las innumerables estrellas,
Quizá será leído por marineros jóvenes o viejos, como un recuerdo de la tierra,
En plena concordancia con mi fin.

«He aquí nuestros pensamientos, los pensamientos de los que navegan,
No es sólo la tierra, la tierra firme la que aparece,
En este libro —podrán decir entonces—
También se extiende y arquea la cúpula del cielo; sentimos el ondulante puente debajo de nuestros pies,
Sentimos la larga pulsación, en el movimiento eterno del reflujo y de la ola,
Los acentos de misterio invisible, las vegas y vastas sugestiones del mundo oceánico, las sílabas líquidas que se derraman,

El olor, el ligero crujimiento del cordaje, el melancólico ritmo,
La perspectiva ilimitada, el horizonte fosco y lejano están aquí
En este poema del Océano.»

No titubees, pues, ¡oh libro! cumple tu destino,
Tú que no eres sólo un recuerdo de la tierra;
Tú que también eres como una barca solitaria, hendiendo el espacio, hacia un fin que ignoro, y no obstante lleno de fe.

Navega tú también en conserva, con cada navío que navega,
Llévales mis cariños (para vosotros, queridos marineros, los he encerrado en cada una de estas hojas);
¡Marcha bien, libro mío!
Despliega tus blancas velas, mi pequeña barca, sobre las ondas imperiosas,
Prosigue tu cántico y tu marcha, lleva de mi parte,
Sobre el gran azul ilimitado de los mares,
Este canto, para todos los marineros, y para todas sus naves.

A una locomotora

¡Tú serás el motivo de mi canto!

¡Tú, tal como te presentas en este instante, entre las borrasca que avanza, la nieve que cae, el día de invierno que declina,

Tú, con tu armadura, tu doble y cadenciosa palpitación y tu convulsivo latir;

Tu cuerpo negro y cilíndrico, tus cobres brillantes como el oro, tu acero límpido como plata;

Tus pesadas barras laterales, tus bielas paralelas, cuyo vaivén anima tus flancos a modo de lanzaderas;

Tu jadeo y tu gruñir rítmicos, que ora se agrandan, ora decrecen a la distancia;

Tu gran reflector fijando en medio de tu negro frontal;

Tus oriflamas de vapor que flotan, largas y pálidas, ligeramente purpuradas;

Las densas nubes negras que vomita tu chimenea;

Tu osatura bien ligada, tus resortes y tus válvulas, el vértigo de tus ruedas temblorosas;

La procesión de vagones que te sigue obediente,

A través de la tempestad o de la calma, ora rápidas, ora lentas, corriendo sin desfallecer.

Tipo del mundo modern o—emblema del movimiento y de la potencia—pulso de continente;

Ven a secundar a la musa, a amalgamarte en esta estrofa, tal como ahora te contemplo,

Con la borrasca y las ráfagas que tratan de rechazarte y la nieve que cae;

Con la campana que haces resonar para advertir tu paso durante el día,

Y por la noche, con las mudas linternas en tu frente oscilante.

¡Belleza de voz feroz!
Rueda a través de mi canto con toda tu música salvaje,
Con tus linternas oscilantes en la noche,
Con la risotada de tus locos silbatos que retumban despertándolo todo a semejanza de temblores de tierra;
Nada más completa que la ley que te rige, ni más recta (a pesar de sus curvas) que la vía que sigues:
(La bonachona dulzura no es para ti, ni el lloriqueo de las arpas, ni las tonterías de los pianos),
Tus trinos de penetrantes gritos, las rocas y las colinas te los devuelven,
Los lanzas más allá de las vastas praderas a través de los lagos.
¡Hacia los cielos libres, desenfrenados, gozosos y fuertes!

Chispas emergidas de la rueda

En este barrio de la ciudad donde la multitud circula todo el día
Me aproximo a un grupo de chicuelos que, apartados un tanto del tráfico, miran algo que rodean.
Contra el borde de la acera, donde terminan las losas
Un afilador, con un cuchillo entre las manos,
Inclinando sobre la piedra, afirma atentamente el acero contra ella, en tanto como el pie y la rodilla
Los hace girar rápidamente, con un movimiento igual,
Mientras se desprenden, en abundante lluvia de oro,
Las chispas que emergen de la rueda.

¡Cómo me cautiva y me conmueve esta escena con todos los detalles que la componen!

El viejo afilador de faz triste y mentón anguloso, con su ropa usada y su largo delantal de cuero,

Yo mismo, con mis efluvios y mi fluidez, fantasma que flota extrañamente, en este instante, detenido y absorto,

El grupo (un punto perdido en el vasto maremágnum que circula),

Los chicuelos atentos y recogidos, el sordo rumor altanero, persistente de la calle,

El ronco y sofocado chirriar de la piedra que gira, la hoja de acero, ligeramente apoyada,

Esparciendo, proyectando a ambos lados, en minúsculas cascadas de oro,

Los relámpagos que emergen de la rueda.

Desbordante de vida, ahora

Desbordante de vida, ahora, densa y visible,
en el año cuarenta y uno de mi existencia, en el año ochenta y tres de estos Estados,
A alguien, que vivirá dentro de un siglo, en cualquier número de siglos,
A vos, que aún no habéis nacido, dedico estos cantos, esforzándome por alcanzaros
Cuando leáis esto, yo que ahora soy visible me habré tornado invisible;
Entonces seréis vos, denso y visible, quien se dará cuenta de mis poemas, quien se esforzará en alcanzarme,
Imaginándoos cuán feliz serías si me fuera dado estar a vuestra vera, y convertirme en vuestro camarada;
Que sea, pues, como si estuviera a vuestro lado. (No creáis demasiado que no estaré entonces a vuestro lado.)

Canto de la vía pública

A pie, con el corazón ligero, piso la vía pública;
Franco y salubre el mundo se dilata ante mí;
El largo camino de tierra bruna que diviso, se extenderá hasta donde me plazca ir.

En adelante no esperaré más la suerte; yo mismo seré la suerte.
En adelante, no lloriquearé más, no tendré más necesidad de nada.
Estoy harto de las dolencias que huelen a cuartos cerrados, de bibliotecas y de críticas fastidiosas;
Alegre y fuerte recorro la vía pública.

La tierra, y basta.
No deseo que las constelaciones estén más próximas.
Sé que están muy bien allá donde están,
Sé que ellas bastan a aquellos a quienes pertenecen.

(También por aquí llevo conmigo mi antigua y venturosa carga.
Sí; llevo los hombres y las mujeres, los llevo conmigo a dondequiera que vaya.
Juro que no me es posible abandonarlos.
Estoy lleno de ellos y quiero saturarlos a mi vez.)

Tú, vía por la que me encamino, paseando las miradas a mi alrededor, no creo que seas lo único que hay por aquí:
Creo que aquí existen igualmente muchas cosas invisibles.

He aquí la lección profunda de la aceptación, sin preferencias ni repulsas,
Los negros de cabezas lanudas, los criminales, los enfermos, los incultos no son rechazados;
La mujer que alumbra, la corrida en busca del médico, el mendigo que anda, el ebrio que titubea, el grupo de obreros con sus carcajadas;
El adolescente que escapa, el carruaje del ricacho, el dandy, la pareja prófuga,
El hombre matinal que anda por los mercados, el carro fúnebre, la mudanza del que se ausenta para la ciudad, la partida de la ciudad;
Todo eso pasa, y yo también paso indistintamente;
Nada puede ser prohibido,
Todo es aceptado, todo me es simpático y agradable.

¡Tú, aire que me brindas el aliento para hablar!
¡Vosotros, objetos que pecáis del estado difuso y dais forma a cuanto quiero decir!
¡Tú, luz que me envuelves a mí y a lo demás, en tus delicadas ondas iguales para cada cual!
¡Vosotros, senderos trazados por los pasos en los altibajos irregulares al borde de las rutas!
Creo que estáis penetrados de invisibles existencias.
(¡Me sois tan queridos!)
¡Vosotras, embaldosadas avenidas de las ciudades!
¡¡Vosotros, sólidos bordes de las aceras!!
¡Vosotros, bancos! ¡Vosotras, estacas y maderas de los muelles!
¡Vosotras, urnas guarnecidas de madera en las que se encajan las chatas fluviales!
¡Vosotras, naves a lo lejos!
¡Vosotras, hileras de casas!
¡Vosotras, fachadas sembradas de ventanas!

¡Vosotros, pórticos y puertas!
¡Vosotros, techos y enrejados!
¡Vosotras, ventanas cuyos vidrios transparentes dejarían ver tantas cosas!
¡Vosotras, piedras grises de las calzadas interminables!
¡Vosotras, pisoteadas encrucijadas!
De cuantos os han hollado creo que algo habéis conservado en vosotros, y ahora querréis comunicármelo en secreto;
Con vivos y con muertos habéis poblado vuestra impasible superficie; los espíritus de unos y de otros ahora querrían manifestarme su presencia y amistad.
A la derecha y a la izquierda se extiende la tierra
El cuadro es viviente, cada una de sus partes se muestra en la más clara luz.
Dócilmente la música suena allí donde se la llama, y calla donde no;
Gozosa es la voz de la ruta común, fresco y alegre es el sentimiento de la ruta.

¡Oh gran ruta que recorro!
¿eres tú quien me dice: *no me abandones?*
Dices: *No te inquietes. ¡Si me dejas te perderás!*
Dices: *¡Ya estoy pronta,*
Me siento hollada por todos y nadie me contesta; fíate en mí!

¡Oh vía pública!—te contesto—; no tengo miedo de abandonarte, y sin embargo te amo.
Me manifiestas mejor de lo que yo mismo puedo manifestarme;
Serás para mí, más que mi poema.

Pienso que todas las acciones heroicas fueron concebidas en pleno aire, lo mismo que todos los libres poemas.
Pienso que yo mismo podría detenerme y realizar milagros.
Pienso que amaré todo lo que encuentre por la ruta, y que cualesquiera que me mire... me amará.
Pienso que cuantos veo deben ser forzosamente felices.
A partir de ahora me liberto de los límites y de las reglas imaginarias.
Iré donde me plazca, seré mi señor total y absoluto.
Escucharé a los otros, examinaré atentamente lo que dicen.
Me detendré, escrutaré, aceptaré, meditaré
Y suavemente, con una irresistible voluntad, me sustraeré a los compromisos que quisieran detenerme.
Aspiro grandes bocanadas de espacio,
El Este y el Oeste son míos, el Norte y el Sur son míos.
Soy más grande y mejor de lo que había imaginado,
No sabía que atesoraba, en mí, tantas buenas cosas.
Todo me parece admirable,
Puedo repetir sin cesar a los hombres y a las mujeres:
Me habéis hecho tanto bien, que querría devolveros otro tanto;
Quiero absorber fuerzas nuevas a lo largo de la ruta para mí... y para vosotros,
Quiero, a lo largo de mi ruta, dar lo mejor de mí a las mujeres y a los hombres.
Quiero esparcir entre ellos una nueva felicidad y una rudeza nueva;
Si alguien me rechaza, no por ellos me turbaré;

Quienquiera que me acepte, ése o ésa, será bendito y me bendecirá.

Si ahora se presentaran un millar de hombres perfectos, eso no me sorprendería.
Si ahora se presentaran un millar de mujeres de cuerpo admirable, eso no me asombraría.
Porque ahora descubro el secreto que preside la formación de individuos superiores.
Es desarrollarse en pleno aire, comer y dormir en compañía de la tierra.
Aquí hay sitio para la manifestación de un gran personalidad.
(Semejante destino se apodera del corazón de toda la raza de los hombres.)
La fuerza y la voluntad que difunde, sumergen las leyes, rechazan las autoridades y los argumentos coligados contra ella.)

Aquí se pone a prueba la sabiduría.
La sabiduría no se pone a prueba en las escuelas.
La sabiduría no puede ser transmitida por el que la posee al que no la posee.
La sabiduría es del resorte del alma, no es susceptible de prueba, ella misma es su propia prueba.
Se aplica a todos los grados, objetos, cualidades, y permanece satisfecha,
Es la certidumbre de la realidad y de la inmortalidad de las cosas, es la excelencia de las cosas;
Hay algo en el móvil espectáculo del mundo que la hace emerger del alma.
Ahora analizo las filosofías y las religiones:
Pueden parecer muy buenas en las salas de conferencias,

Y sin embargo, pueden no significar nada bajo las vastas nubes, frente al paisaje y a las aguas corrientes.

Aquí es donde nos damos cuenta;

Aquí es donde el hombre siente sus concordancias,

Comprende lo que en sí encierra;

El pasado, el futuro, la majestad, el amor.

Si eso suena a hueco en vosotros, es porque vosotros estáis vacíos de ello.

Lo único que nutre es la simiente oculta en el corazón de cada objeto.

¿Dónde está el que arrancará la suya para vosotros y para mí?

¿Dónde está el que desenvolverá las estratagemas y deshará las envolturas para vosotros y para mí?

Aquí es donde los afectos se manifiestan; no son preparados de antemano; sobrevienen de improviso.

¿Sabéis lo que es ser amados, por extranjeros, cuando pasáis?

¿Conocéis la elocuencia de las pupilas que se vuelven para miraros?

Aquí se expande el alma.

La expansión del alma emana de lo interno, a través de portales enguirnaldados de follajes provocando incesantes cuestiones.

¿Por qué estos ímpetus?

¿Por qué estos pensamientos en las tinieblas?

¿Por qué existen hombres y mujeres hechos de tal suerte que cuando se hallan a mi lado el sol dilata mi sangre?

¿Por qué cuando me abandonan, mis llamas de alegría declinan blandas y chatas?

¿Por qué hay árboles debajo de los cuales nunca me paseo sin que amplios y melodiosos pensamientos desciendan sobre mí? (Estoy por creer que quedan suspendidos de esos árboles invierno y verano, y dejan caer siempre sus frutos cuando yo paso.)

¿Qué es, pues, lo que intercambio tan de repente con los extranjeros?

¿Con ese cochero, cuando me siento a su lado en el pescante?

¿Con ese pescador que arroja su anzuelo o su red en la ribera, cuando pasando a su lado me detengo a contemplarle?

¿Qué es lo que hace que me sienta libremente abierto a la simpatía de un hombre o de una mujer?

¿Qué es lo que hace que estén libremente abiertos a mi simpatía?

La expansión del alma es la felicidad; aquí está la felicidad.

Creo que llena el aire, que permanece en perpetua espera,

En este momento fluye en nosotros, ya rebosamos de ella.

Aquí se expande el imperioso fluido de la simpatía.

El fluido carácter de la simpatía que crea la franqueza y la suavidad del hombre y de la mujer.

(Las hierbas manantiales no germinan más frescas ni más suaves cada día, desde el fondo de sus raíces, que la frescura y la suavidad con que ella surge por sí, continuamente.)

Prestos, los fluidos de la simpatía hacen trasudar de amor a los jóvenes y a los viejos,

Hacen filtrar gota a gota este encanto que se ríe de la belleza y de los talentos.

Suscita el deseo trémulo y doloroso del contacto.

¡Vamos! Quienquiera que seáis, ¡en marcha, en marcha..., ven conmigo!

Viajando a mi lado encontraréis lo que nunca fatiga.
La tierra, jamás fatiga. La tierra es ruda, taciturna, incomprensible al principio.
La Naturaleza es ruda e incomprensible al principio;
No os descorazonéis; continuad. Las cosas divinas siempre yacen ocultas.
Yo os juro que las cosas divinas ocultas en su seno, son más bellas que lo dicho por las palabras.
¡Vamos! No debemos hacer alto aquí. ¡Ven!
¡Por más gratas que sean las reservas aquí acumuladas, por más deleitosa que sea esta residencia, no podemos quedarnos;
Por resguardado que sea este puerto, por más calmosas que parezcan sus aguas, no debemos echar el ancla aquí;
Por halagüeña que fuere la hospitalidad que nos brinden, no podemos aceptarla más que de paso.
¡Vamos! Grandes serán las tentaciones,
Pero más grandes deberán ser los móviles que nos estimulen.
Navegaremos mares inhollados y salvajes.
Iremos donde soplen los vientos, donde se estrellen furiosamente las ondas, y el velero del yanqui vuele con todas sus velas desplegadas.

¡Vamos! Con potencia y con libertad, con la tierra y con los elementos.
Con salud, con osadía, con entusiasmo, con orgullo y con curiosidad;
¡Vamos! ¡Saltemos por encima de las fórmulas, clérigos materialistas de ojos de murciélagos.
El cadáver putrefacto obstruye el paso;
No esperemos más para sepultarlo.

¡Vamos! ¡Más oídme antes!

El que viaja conmigo ha de tener una sangre óptima, gallardía y perseverancia.

Nadie ose acompañarme en la prueba si no posee coraje y salud,

No se arriesguen los que han gastado lo mejor de sí;

Sólo pueden venir los que poseen un cuerpo puro y resuelto.

Los enfermos, los alcohólicos, los podridos por el mal venéreo no serán de los nuestros.

El mal no nos tocará...

¡Mis iguales y yo no convencemos con argumentos, con comparaciones ni con estrofas rimadas.

¡Convencemos con nuestra presencia!

¡Escuchad! Quiero ser sincero con vosotros;

No os ofrezco los fáciles premios del pasado, os brindo los rudos premios del presente,

Los días que viviréis serán así:

No acumularéis lo que se llama riqueza,

Dispersaréis con mano pródiga cuando ganéis con vuestro sudor o vuestros méritos,

Apenas llegados a la ciudad, a la tierra prometida, apenas instalados en una y otra a vuestro agrado, un ímpetu irresistible os esforzará a abandonarlas.

Entonces, y siempre, oiréis las risas sarcásticas y las sangrientas burlas de los sedentarios y de los que queden detrás;

Si notáis algunos gestos de cariño, sólo contestaréis con apasionados besos de adiós.

¡No permitiréis que os retengan algunos, abran y tiendan los brazos con amor!

¡Vamos! ¡Junto con los grandes compañeros, para convertirnos en uno de ellos!

También ellos siguen la ruta,

Los hombres, esbeltos y admirables; las hembras, majestuosas,
Que aman los mares tranquilos lo mismo que las olas tempestuosas,
Que han navegado sobre tantas naves, y recorrido tantas leguas de tierra firme,
Los viajeros de remotos países, los frecuentadores de lejanísimas moradas,
Que confían en los hombres y en las mujeres, observan las ciudades, y los laboriosos solitarios,
Los que se detienen a contemplar las hierbas silvestres, las flores, y las conchas playeras,
Los que bailan en las bodas, abrazan a la desposada, acarician tiernamente a los niños, y por momentos hacen de ayos,
Los soldados de la rebelión, los contempladores de las fosas recién abiertas, los que ayudan a bajar el ataúd;
Que viajan durante estaciones y años consecutivos,
Estos curiosos amigos, cada uno de los cuales emerge del que le ha precedido,
Andando, con los diversos aspectos de ellos mismos, como con otros tantos compañeros,
Andando, desde el fondo de su primera edad latente, e inconsciente,
Andando, con su juventud, con su virilidad barbuda e impertérrita.
Andando, con su feminidad, amplia, insuperada, feliz,
Andando, con su vejez sublime de hombre o de mujer,
Bella Vejez, calmosa, dilatada, llena de la augusta majestad del universo,
Vejez que avanza libremente como soliviantada por la deliciosa y próxima libertad de la muerte.

¡Vamos! Hacia lo que no tiene fin, ni tuvo principio,
A sufrir lo indecible en la laxitud de los días y en el reposo de las noches,
A anegarlo todo en la ruta que engloba los contrastes y los obstáculos, en los días y en las noches del viajar,
A resumirlos en cada nueva etapa, en partidas para más grandes viajes,
A no ver ni saber de cosa alguna que podáis alcanzar y ultrapasar,
A no concebir tiempo, por lejano que sea, que no os sea dado vivir y preterizar,
A no alzar ni bajar nuestras miradas sobre ruta alguna que no se extienda para que la holléis,
Que por larga que sea no se extienda para que la finalicéis,
A no ver existencia, sea la de dios o de quienquiera, que vosotros no podáis realizar,
A no contemplar posesión que no podáis poseer, a disfrutar de todo sin trabajo ni compra, gozando de la fiesta sin sustraer un adarme de ella,
A elegir lo mejor de la granja del colono, de la elegante villa del rico, de las castas alegrías de los desposados, de las frutas de los vergeles, de las flores de los jardines,
A llevar con vosotros las multitudes de las ciudades que atravesaréis,
Los edificios, las calles, los monumentos, las ruinas,
A asir el espíritu de los hombres en el fondo de sus cerebros, a medida que os crucéis con ellos, y los cariños en el fondo de su corazón,
A llevaros vuestros amigos a lo largo de la ruta, a pesar de que ellos permanezcan estacionarios donde los halléis,

A considerar el universo mismo como una ruta, una universidad de rutas para las almas migradoras.

El origen de todo arranca del viaje de las almas:
Todas las religiones, todas las cosas sujetas a la pesantez y a la gravitación, las artes y los gobiernos,
Todo lo que fue y es, en este globo o en cualquiera otro globo,
Se oculta en escondrijos y en rincones, ante la procesión de las almas desfilando por las grandes rutas del universo.
Todos los demás viajes y progresos no son sino el emblema y la contraseña del viaje de las almas por las grandes rutas del universo.
¡Siempre vivos! ¡Adelante siempre!
Graves, orgullosos, melancólicos, escarnecidos, locos, turbulentos, débiles, descontentos,
Desesperados, altivos, amorosos, enfermos, aceptados y rechazados por los hombres,
¡Todos van! ¡Van! ¡Yo sé que van; lo que ignoro es a dónde van!
¡Sé que van hacia lo mejor!
¡Hacia algo grande!
¡Quienquiera que seáis, salid fuera!
¡Hombre o mujer, avanzad!
No debéis quedaros a dormir o a tontear en casa, aunque la hayáis construido con vuestras manos, o la hubieran construido para vos.
¡Salid de los umbrosos retiros! ¡Salid de entre los cortinajes!
Es inútil que protestéis, lo sé todo, y os lo manifiesto.
Mirad dentro de vosotros los estragos del reposo:
A través de las risas, de las danzas, de las comidas y de las cenas populares

Debajo de los trajes, de los ornamentos, de las caras lavadas y teñidas.
Mirad, silenciosos, ocultos, el disgusto y la desesperación.
Ni marido, ni mujer, ni amigo, son bastante seguros para escuchar la confesión;
Un otro yo, un doble de cada cual es el que, a pasos furtivos, ocultando y disimulando su ser,
Anda amorfo y sin voz por las calles de las ciudades, anda cortés y dulzón en los salones,
En los vagones de los ferrocarriles, en los vapores, en las reuniones públicas,
En las casas de los hombres y de las mujeres, en la mesa, y en el lecho, por todos lados:
Se presenta correcto, sonriente, el talle erguido, con la muerte en el pecho y el infierno debajo del cráneo,
Bajo las sábanas finas, y los guantes, bajo las cintas y las flores artificiales,
Respetuoso de las costumbres, mudo respecto de su persona,
Hablando de todo en sociedad, pero jamás de sí.
¡Vamos! ¡A través de las luchas y de las guerras!
No podemos abandonar la conquista de la meta.

¿Habláis del éxito de las pasadas luchas?
¿Qué es lo que ha tenido éxito? ¿Vosotros? ¿Vuestra nación? ¿La Naturaleza?
Escuchadme bien: la esencia de las cosas y las empresas es tal, que a pesar de todo éxito recogido, sea éste cual fuere, deben surgir otras cosas y otras empresas, engendradoras de mayores esfuerzos.
Mi vocación es vocación de batalla; mi canto es toque de clarín. Yo engendro rebelión activa.
El que venga conmigo debe venir bien armado.

¡El que venga conmigo tendrá a menudo por compañeros el hambre, la pobreza, la enemistad y el abandono!

¡Vamos! ¡La ruta se abre ante nosotros!

Es segura, yo la he recorrido, mis pies la han probado cuidadosamente:

¡Que nada os detenga!

¡Queden las cuartillas vírgenes sobre el escritorio, y el libro sin abrir en su anaquel!

¡Queden las herramientas en el taller! ¡Quede el dinero sin ser ganado! ¡Quede la escuela en su sitio! ¡No hagáis caso de los gritos de maestro!

¡Que el predicador predique en el púlpito! ¡Que el abogado abogue en el tribunal! ¡Que el juez interprete la ley!

¡Camarada! ¡He aquí mi mano! Te doy mi cariño, más precioso que el oro,

Te doy mi ser por completo, en vez de prédicas o de leyes. ¿Quieres darte a mí?

¿Quieres venir a viajar conmigo?

¡Seguiremos juntos y unidos... tanto como duren nuestras vidas!

Ciudad de orgías

Ciudad de orgías, de baladas y de alegrías,

Ciudad, algún día ilustre porque yo he vivido y cantado en tu seno,

No son tus pompas, tus cambiantes cuadros ni tus espectáculos, los que me pagan mis cantos,

Ni las interminables hileras de tus edificios, ni las naves de tus muelles,

Ni los desfiles en tus avenidas, ni las vidrieras llenas de mercaderías,

Ni el conversar con personas instruidas, ni asistir a fiestas y saraos.

No. Nada de eso. Pero cuando paso, ¡oh Manhattan! el frecuente y rápido relámpago de los ojos que me brindan afecto, Que se cruzan con mis relámpagos,

Eso me alegra y me satisface.

Amigos, un perpetuo cortejo de amigos, basta para que me sienta retribuido, pagado.

El himno que canto

El himno que canto
Hecho de contradicciones, lo consagro a la nacionalidad.
Dejo en él el germen de la rebeldía. (¡Oh derecho latente a la insurrección! ¡Oh el inextinguible, el indispensable fuego!)

Una marcha en las filas

Una marcha en las filas con el enemigo que nos asedia, por una ruta desconocida.
Atravesamos un bosque espeso en cuyas tinieblas se apaga el ruido de los pasos;
Nuestro ejército ha tenido grandes pérdidas en un combate, y el resto marcha sombríamente en retirada;
Pasada la noche, vislumbramos el resplandor de un edificio débilmente iluminado;
Llegamos a un espacio descubierto en mitad del bosque, en el que hacemos alto, junto al edificio de pequeñas luces.
Es una grande y vieja iglesia, construida en la encrucijada de los caminos, ahora transformada en hospital.
Penetro un instante en ella y veo un espectáculo que sobrepuja todos los cuadros y todos los poemas;

Sombras del negro más intenso, más opaco, aclaradas apenas por bujías y lámparas portátiles que llevan de un lado a otro, Y por una gran antorcha fija de resina que proyecta fantásticas llamas rojas y nubes de humo;

A su resplandor percibo vagamente grupos de formas humanas amontonadas de trecho en trecho, unas extendidas en el suelo, otras sobre los bancos de la iglesia;

A mis pies percibo más distintamente un soldado, casi un niño que agoniza desangrándose (ha recibido un balazo en el abdomen).

Restaño sumariamente la sangre (el muchacho tiene el rostro blanco como un lirio).

Luego, antes de irme, abarco la escena de una ojeada, me contengo de absorberla íntegra,

Las caras, la variedad de los grupos, las actitudes que desafían toda descripción, la mayoría de los yacentes sumergidos en la sombra, algunos muertos,

Los cirujanos en tren de operar, los enfermeros con las luces, relentes de éter mezclados con olor de sangre,

Los montones de víctimas y los montones de cuerpos ensangrentados que llenan la iglesia y el atrio,

Unos acostados sobre las losas, otros sobre las tablas, y camillas;

Algunos sudando su agonía en los espasmos de la muerte,

De rato en rato, un gemido o un grito, los médicos que llaman u ordenan en alta voz,

Los pequeños instrumentos de acero relucen al paso de las antorchas,

Todo eso lo vuelvo a ver al releer este canto, reveo los cuerpos, aspiro aquel olor;

De pronto oigo fuera la voz de los jefes: *Formar filas, formar filas;*

Antes de salir me inclino hacia el niño que agoniza, sus ojos se abren y me sonríe a medias;

Después cierra los ojos, los cierra serenamente, y yo me lanzo a las tinieblas,

Para ocupar mi puesto, y marchar, marchar siempre bajo la noche, en las filas que avanzan,

Para seguir hollando la ruta desconocida.

Apartandoo con las manos la hierba de las praderas

Apartando con la mano la hierba de las praderas y respirando su olor característico.
Le pido concordancias espirituales;
Le pido el más copioso y estrecho compañerismo entre los hombres,
Le pido que se eleven las briznas de hierba de las palabras, de los actos, de los individuos,
Los del aire libre, rudos, asoleados, francos, nutricios,
Los que siguen su camino, con el torso recto, que avanzan con libertad y autoridad, los que preceden en vez de seguir,
Aquellos a quienes anima una audacia indomable, cuya carne es fuerte y pura, limpia de manchas,
Los que miran negligentemente en pleno rostro a los presidentes y a los gobernadores,
Como para decirles: *¿Quién sois?*
Aquéllos, llenos de una pasión nacida de la tierra, los simples, los despreocupados, los insumisos,
Los de la América interior.

Ciudad de los navíos

¡Ciudad de los navíos!
¡Oh los navíos negros!
¡Oh los navíos indómitos!
¡Oh los espléndidos vapores!
¡Oh los veleros de afilada proa!
¡Ciudad de los éxodos!

Pues aquí concluyen todas las razas
Aquí todos los países de la tierra colaboran.
¡Ciudad del mar!
¡Ciudad de los flujos precipitados y cambiantes!
¡Ciudad en la que las mareas pulsan sin cesar, entrando y saliendo en torbellinos sembrados de remolinos y de espuma!
¡Ciudad de los muelles atestados de almacenes y de mercaderías!
¡Ciudad de las fachadas gigantes de mármol y de hierro!
¡Ciudad altiva y apasionada!
¡Ciudad fogosa, loca, extravagante!

De pie, ¡oh ciudad!
¡Tú no has sido hecha para la paz solamente; recuerda tu verdadero destino, de guerrera!
No tengas miedo.
No te sometas a otros modelos que los tuyos, ¡oh ciudad!
Mírame.
¡Encárname como yo te he encarnado!
No he rechazado nada de lo que me has ofrecido;

Lo que has adoptado, yo lo he adoptado! Buena o mala, jamás te discuto, amo todo lo tuyo, no condeno nada,
Canto y celebro todo lo que posees,
Pero no canto más la paz:
En paz he cantado la paz, pero ahora el tambor de guerra es mi instrumento,
Y la guerra, la roja guerra, es el sortilegio que voy cantando por tus calles, ¡oh ciudad!

En las praderas

Declina la tarde en las praderas,
La comida ha terminado, el fuego encendido a ras de tierra arde apenas,
Fatigados, los inmigrantes duermen envueltos en sus mantas,
Me paseo solo, deteniéndome de tanto en tanto a contemplar las estrellas,
Me parece que jamás las he comprendido como en estos instantes.

Ahora me nutro de inmortalidad y de paz,
Admiro la muerte, y edifico las proposiciones.

¡Qué riqueza!
¡Qué espiritualidad!
¡Qué condensación!

El mismo hombre, y la misma alma de siempre, las mismas aspiraciones de siempre,
y la misma conformidad.

¡Pensaba que no hubiera nada más espléndido que el día, hasta que he visto las maravillas de la noche!
Creía en la suficiencia de nuestro Orbe, hasta el momento en que, en medio del más puro silencio, emergieron millones de orbes desconocidos.

Ahora, mientras me anegan los grandes pensamientos del espacio y la eternidad, quiero elevarme a su altura,

Ahora me siento en contacto con las vidas de otros mundos, que acaso han llegado al mismo desarrollo que las vidas de la tierra.

En contacto con las vidas que aguardan la hora de igualarnos, o con los que han sobrepujado las vidas de la tierra,

A partir de esta noche, los tendré tan presentes como mi propia vida.

A las vidas de la propia tierra, tan desenvueltas como la mía,

les espera la hora de alcanzar análoga graduación.

Ahora veo que a semejanza del día, la vida no puede mostrármelo todo.

Ahora comprendo que debo esperar lo que me revelará la muerte.

Á ti, vieja causa

¡A ti; vieja causa!
Tú, buena causa, incomparable, ferviente,
Tú, dulce idea, austera, implacable,
Inmortal, a lo largo de las edades, de las razas, de las regiones,
Después de una guerra extraña y cruel, una gran guerra hecha por ti.
(Creo que todas las guerras de los tiempos pasados y todas las guerras futuras serán declaradas y hechas por ti.)

Estos cantos son para ti, para tu eterno avance.
(Una guerra declarada, ¡oh soldados! no sólo por ella misma, sino por muchas, muchísimas cosas disimuladas detrás de ella,
La silenciosa espera, y que ahora van a manifestarse en este libro.

¡Oh, tú, orbe hecho de innumerables orbes!
¡Tú, principio fervoroso!
¡Tú, germen latente, preciosamente oculto!
¡Tú, centro!
Alrededor de tu idea la guerra gira
Con todo su violento y furioso juego de causas.
(Con vastas consecuencias que surgirán dentro de tres mil años.)

Estos versos son para tu gloria,
Pues mi libro y la guerra son lo mismo.
Mis poemas y yo nos hemos amalgamado en ti, en tu espíritu,

Y lo propio que la lucha gira alrededor de ty....
Tal como una rueda sobre su eje, este libro, inconsciente de sí,
Gira alrededor de tu idea.

Imperturbable

Imperturbable, afirmándome cómodamente en la Naturaleza, Amo de todo o señora de todo, perpendicular en medio de las cosas irracionales,
Impregnado como ellas, pasivo, receptivo, silencioso como ellas, Reconociendo que mi empleo, la pobreza, la notoriedad, la felicidad, los crímenes son menos importantes de lo que creía.
Yo que estoy en los parajes del golfo de México, o en Manhattan o en Tennessee, al Norte extremo o en el interior,
Minero o pionero de los bosques, haciendo la vida de cualquiera de los cultivadores de esos Estados, o del litoral, o de los lagos, o del Canadá,
En no importa qué lugar donde viva mi vida, sean cuales fueren las contingencias,
Sabré afrontar la noche, las tempestades, el hambre, el ridículo, los accidentes, los fracasos, como hacen los árboles y los animales.

Una extraña velada transcurrida en el campo de batalla

¡La extraña velada transcurrida en el campo de batalla!

Cuando tú, hijo y camarada mío, caíste a mi lado, ese día, no te dirigí más que una mirada a la que tus caros ojos contestaron con otra mirada que no olvidaré jamás,

Y la mano que trataste de levantar del suelo en que yacías apenas si rozó la mía;

En seguida avancé en la batalla, donde la lucha continuaba con iguales probabilidades,

Hasta que, relevado de mi puesto algo tarde en la noche, pude volver al fin al sitio donde tú habías caído,

Y te encontré helado en la muerte, camarada querido, hallé tu cuerpo, hijo de los besos dados y recibidos (jamás vueltos a dar sobre esta tierra),

Descubrí tu faz a la luz de las estrellas (singular era la escena). El viento nocturno pasaba fresco y ligero;

Largo, largo tiempo pasé allí velándote, mientras a mi alrededor el campo de batalla se extendía, tan confusamente;

Velada prodigiosa, deliciosa velada, allí, en la noche queda y perfumada,

Ni una lágrima cayó de mis ojos, ni un suspiro profundo exhaló mi pecho; largo, largo tiempo te contemplé.

Luego, extendiéndome a medias sobre la tierra, me mantuve a tu lado, con el mentón hundido entre las manos,

Pasando horas suaves, horas inmortales y místicas, contigo, camarada querido,

Sin una lágrima, sin una palabra;

Velada de silencio, de ternura y de muerte, velada por ti, mi hijo y mi soldado,

En tanto que allí arriba los astros pasaban en silencio, y otros hacia al Oeste subían insensiblemente;

Suprema velada por ti, valiente hijo (no te pude salvar, tan pronto fue tu muerte, Vivo te amé rodeándote fielmente dc todas mis solicitudes; creo que volveremos a vernos seguramente);

Y cuando se iban las últimas sombras de la noche, en el momento preciso en que apunta el alba,

Envolví a mi camarada en su manta, enrollé bien su cuerpo, Replegando cuidadosamente la manta por debajo de la cabeza, y cuidadosamente bajo los pies,

Y allí bañado en el sol levante, deposité a mi hijo en su fosa toscamente abierta,

Terminando así mi extraña velada en el campo de batalla, envuelto en sombras,

Velada por el camarada muerto repentinamente, velada que jamás olvidaré, ni cómo, al apuntar el día,

Levantándome de la helada tierra y envolviendo cuidadosamente al soldado en su manta,

Lo sepulté allí donde cayera.

Un roble en la Luisiana

He visto un roble que crecía en la Luisiana:

Se erguía enteramente solo, y el musgo pendía de sus ramas; crecía allí, sin ningún compañero, desplegando sus hojas verde-obscuras.

Su aspecto de rudeza, de inflexibilidad, de vigor, me hizo pensar en mí mismo,

Pensé cómo podría desplegar hojas tan alegres a pesar de su soledad, sin tener a su lado un solo amigo

(Yo sé que no podría imitarlo);

Discurriendo así, rompí una de sus ramas, conservando las hojas y el musgo que pendía de ella,

Luego, al alejarme, la llevé conmigo hasta mi alcoba, donde la coloqué visiblemente.

(No es que haya menester de su presencia para acordarme de mis amigos; En estos últimos tiempos no hago más que pensar en ellos.)

Sin embargo, esta rama constituye para mí un símbolo precioso, me hace pensar en el afecto viril;

A pesar de todo, y aunque este roble fructifica, allá en la Luisiana, completamente solo en un amplio espacio descubierto,

Proyectando año tras año sus alegres hojas, sin tener junto a él un amigo, un tierno camarada,

Comprendo y reconozco que no podría imitarlo.

Pensamiento

Pienso en los que han alcanzado altas posiciones,
Ceremonias, riqueza, saber y demás ventajas.
(Para mí todo lo que han alcanzado se desprende de ellos, excepto los resultados que dichas ventajas tienen para su cuerpo y para su alma.
De modo que frecuentemente se me aparecen descarnados y desnudos,
Y en vez de enaltecer, cada cual escarnece a los otros o se escarnece a sí mismo o a sí misma,
Y en cada uno de ellos, el corazón de la vida, es decir, la felicidad, está llena del infecto excremento de los gusanos,
Y con frecuencia, estos hombres y estas mujeres pasan,
Sin saberlo, ante las verdaderas realidades de la vida, pasan iluminados por engañosas apariencias,
Atentos a lo que les impone la costumbre, y nada más, Semejantes a sonámbulos dormidos, que andan tristes y precipitados por las tinieblas.)

Silenciosa y paciente, una araña

Silenciosa y paciente, una araña, aislada en un pequeño promontorio, yo la veía,
Explorar el vasto espacio que la rodeaba,
Proyectando fuera de ella filamentos, filamentos, filamentos,
Que devanaba y tejía infatigablemente.

Tú también, ¡oh alma! allí donde te hayas,
Oprimida, aislada, en los infinitos océanos del espacio,
Meditas sin cesar, te aventuras, buscas las esferas para unirlas,
Hasta que el puente que requieres esté construido.
Hasta que el ancla dúctil arraigue firmemente,
Hasta que el hilo virginal que proyectas fuera de ti, se enganche en algún lado, ¡oh alma mía!

Cuadro

Cuadro visto de una ojeada a través de un resquicio.

Un grupo de operarios y cocheros congregados alrededor de una estufa en la sala de un bar, una tarde de invierno al anochecer, y yo también, sentado en un rincón, inadvertido;

Un joven que me quiere (y que yo estimo) se aproxima en silencio, y viene a sentarse a mi lado, contento de estrechar mi mano,

Largo rato, en medio del ruido de las idas y venidas, de las libaciones, de los juramentos, de las chanzas,

Quedamos allí, los dos, satisfechos, felices de estar juntos, hablando poco, y a veces no pronunciando una palabra.

Este polvo fue antaño un hombre

Este polvo fue antaño un hombre,
Suave, simple, justo y resuelto, bajo cuya prudente mano,
Frente al crimen más abominable conocido en la historia de todos los países y de todas las edades,
Se salvó la unión de estos Estados.

A los Estados

A los Estados, o a cualquiera de entre ellos, o a una ciudad cualquiera de los Estados, le digo: *Resiste mucho, obedece poco,*
Una vez admitida la obediencia sin protesta, es la servidumbre total.
Una vez esclavizada totalmente, ninguna Nación, Estado o Ciudad de la tierra volverá a reconquistar su libertad.

España (1873-1874)

De los negros flancos de enormes nubes,
Entre los escombros del mundo feudal y los esqueletos amontonados de los reyes,
De ese antiguo osario que es la Europa entera de las mascaradas hechas polvo,
Catedrales derrumbadas, palacios desmigajados, tumbas levíticas,
¡Mirad! He aquí que aparecen las rejuvenecidas facciones de la Libertad,
He aquí que aparece el mismo rostro inmortal. (Una visión rápida como el rostro de tu madre ¡oh América!
Un relámpago significativo como el de una espada,
Luce hacia ti.)

No creas que te olvidamos, madre nuestra;
¿Has quedado largo tiempo atrás?
¿Las nubes van a cerrarse de nuevo sobre ti?
¡Ah! Pero ya te has mostrado a nosotros, en persona,
Ahora te conocemos,
Dejándote entrever nos has dado una prueba infalible,
¡De que allí, como en todos lados, aguardas tu hora!
¡España, se vierte en mí... tu cáliz!

A un historiador

Vos que ilustráis el pasado,
Que habéis explorado lo externo, la superficie de las razas, la vida que se deja ver,
Que habéis considerado al hombre como la criatura de la política, de las colectividades, de los gobiernos y de los sacerdotes;
Yo, habitante de los Alleghanjo, considerándolo tal como en sí mismo, en sus propios derechos,
Tomando el pulso de la vida que raramente se ha dejado ver (la gran altivez del hombre, en sí propio),
Cantor de la personalidad, esbozando lo que aún está por nacer,
¡Proyecto la historia del futuro!

La Morgue

A las puertas de la Morgue, en la ciudad,
Como anduviera ocioso tratando de aislarme del tumulto,
Me detuve curioso.
¡Vedla, pues! Esta resaca de paria,
Una pobre ramera muerta que acaban de traer.
Depositan allí su cadáver, que nadie ha reclamado, yacente sobre el húmedo suelo de ladrillos.
La mujer divina; su cuerpo,
No veo más que su cuerpo,
No miro más que eso,
Esa estancia ayer desbordante de pasión y de belleza, no veo más que eso;
Ni el silencio tan glacial, ni el agua que fluye de la canilla, ni los olores cadavéricos me impresionan,
¡Sólo la estancia, esa prodigiosa estancia, esa delicada y espléndida estancia, esa ruina!
Esa inmortal estancia, más suntuosa que todas las hileras de edificios construidos y por construir!
O que el Capitolio de blanco domo rematado por una majestuosa estatua,
O que todas las viejas catedrales de flechas altivas;
Esta pequeña estancia es más que todo eso, pobre estancia, estancia desesperada,
Bella y terrible despojo —alojamiento de un alma—, alma ella misma;
Casa que nadie reclama, casa abandonada
Acepta un soplo de mis labios trémulos,
Acepta una lágrima que vierto en tanto me alejo pensando en ti,

Estancia de amor difunta, estancia de locura y de crimen, deshecha en polvo, triturada,
Estancia de vida, antaño llena de palabras y de risas,
Mas ¡ay! pobre estancia, ya estabas muerta por entonces;
Desde meses, desde años atrás, eras una casa amueblada resonante, pero muerta, muerta, muerta.

Como meditaba en silencio

Como meditaba en silencio,

Considerando mis poemas, deteniéndome largamente en ellos,

Un Fantasma de rostro desconfiado se levantó ante mí, terrible de belleza, de edad y de potencia,

El genio de los poetas del antiguo mundo, que mirándome con ojos de llama, Señalando con su índice sendos cantos inmortales,

Me dijo con voz amenazante:

«¿Qué cantas tú? ¿No sabes que no hay más que un solo tema para los bardos inmortales? ¿El tema de la guerra, la fortuna de los combates, La creación de verdaderos soldados?»

«Sea —le respondí entonces—; Yo también, sombra altanera, canto de guerra, una guerra más larga y más grande que otra alguna, Que contenía en mi libro, con suertes diversas, Con marchas adelante y retiradas, con victorias diferidas e inciertas,

(Sin embargo la victoria me parece segura, o casi segura al fin), teniendo el mundo por campo de batalla;

Guerra de vida y muerte, para el cuerpo y para el alma eterna, Oíd: yo también he venido para cantar el canto de los combates, Yo también, por encima de todo, suscito bravos soldados.»

¡Oh capitán! ¡Mi capitán!

¡Oh capitán! ¡Mi capitán! Nuestro espantoso viaje ha terminado,
La nave ha salvado todos los escollos, hemos ganado el anhelado premio,
Próximo está el puerto, ya oigo las campanas y el pueblo entero que te aclama,
Siguiendo con sus miradas la poderosa nave, la audaz y soberbia nave;
Mas, ¡ay!, ¡oh corazón!, ¡mi corazón!, ¡mi corazón!
No ves las rojas gotas que caen lentamente, allí, en el puente, donde mi capitán yace extendido, helado y muerto.

¡Oh capitán! ¡Mi capitán!
Levántate para escuchar las campanas.
Levántate. Es por ti que izan las banderas.
Es por ti que suenan los clarines.
Son para ti estos búcaros y esas coronas adornadas.
Es por ti que, en las playas, hormiguean las multitudes,
Es hacia ti que se alzan sus clamores, que se vuelven sus almas y sus rostros ardientes.
¡Ven, capitán!
¡Querido padre!
¡Deja pasar mi brazo bajo tu cabeza!
Debe ser sin duda un sueño que yazgas sobre el puente: extendido, helado y muerto.
Mi capitán no contesta, sus labios siguen pálidos e inmóviles,
Mi padre no siente el calor de mi brazo, no tiene pulso ni voluntad,

La nave, sana y salva, ha arrojado el ancla, su travesía ha concluido.

¡La vencedora nave entra en el puerto, de vuelta de su espantoso viaje!

¡Oh playas, alegraos!
¡Sonad, campanas!

Mientras yo con doloridos pasos, recorro el puente donde mi capitán... yace extendido, helado y muerto.

Allá a lo lejos...

Allá, a lo lejos,
en una isla de maravillosa belleza,
Una antigua madre,
acurrucada sobre una tumba,
solloza su dolor;

Ayer reina, hoy tendida en la tierra,
lívida y harapienta,
Sus viejos cabellos blancos caen en desorden alrededor de sus espaldas,
A sus pies yace inútil un arpa real, muda desde hace tiempo,

También ella, hace mucho tiempo,
yace allí muda,
Llorando sus esperanzas
y sus herederos sepultados;
Su corazón es el más henchido de dolor que haya sobre la tierra,
Porque es el más henchido de amor.

Oye una palabra,
antigua madre.

No permanezcas más tiempo acurrucada allí sobre la tierra glacial, con la frente en tus rodillas.
No continúes allí, bajo el velo de tus viejos cabellos blancos en desorden;
Sábelo de una vez:
el que lloras
no está encerrado en esa tumba,

Fue una ilusión, el hijo que amas no había muerto en realidad,
El amo no había muerto,
ha resucitado joven y robusto en otra región;
Mientras tú te lamentabas allí, sobre su tumba, junto a tu arpa caída en tierra,
El que lloras se ha evadido, soliviantado de su tumba.
Los vientos le empujaban, y la mar le conducía,
Y hoy, con su sangre renovada y en flor,
¡Se mueve en un país nuevo!

Dadme vuestro espléndido sol

Dadme el espléndido y silencioso sol asaeteando en el total deslumbramiento de sus rayos.
Dadme el jugoso fruto de otoño, recogido maduro y rojo en el vergel,
Dadme un campo donde la hierba crece lujuriosa,
Dadme un árbol, dadme los racimos en el parral,
Dadme el maíz y el trigo nuevos,
Dadme los animales que se mueven con serenidad, y enseñan la conformidad,
Dadme estas tardes de absoluto silencio que se espacían sobre las altiplanicies al Oeste del Mississippi, en las que pueda elevar los ojos hacia los astros,
Dadme un jardín con magníficas flores, que perfumen la aurora donde pueda pasearme tranquilo,
Dadme un hijo que me enorgullezca; dadme, muy lejos y apartado del mundo, una vida doméstica y campestre,
Dejadme gorjear para mí solo, llenar de cantos espontáneos mi voluntaria reclusión,
Dadme la soledad, dadme la Naturaleza, restitúyeme, ¡oh Naturaleza! tus sanas primitividades.
Sí; necesito que todo eso me sea dado (harto de sobreexcitación incesante y torturado por la lucha guerrera),
Pido sin cesar que me sea dado eso, lo pido a gritos que emergen de mi corazón,
Y sin embargo, a pesar de reclamarlo sin descanso, permanezco atado a mi ciudad,
Los días se suceden y los años pasan,
¡oh ciudad!
y siempre piso tus calles,

Me tienes encadenado, por mucho tiempo, rehúsas dejarme partir,

Acordándome, sin embargo, el hacer de mí un hombre saciado, enriqueciendo mi alma con los millones de rostros que constantemente me brindas.

(Ahora veo aquello de que deseaba huir, resisto a mis gritos, los rechazo, veo que mi alma pisotea lo que más reclamaba.)

Guardad vuestro espléndido y silencioso sol,

Conserva tus selvas, ¡oh Naturaleza! y los recodos apacibles a orillas de los prados.

Guarda tus campos de trébol y de centeno, tus campos de maíz y tus vergeles,

Guarda los campos floridos donde zumban las abejas septembrales;

Dadme los rostros y las calles.

¡Dadme los fantasmas que desfilan incesantes a lo largo de las aceras!

Dadme los ojos incontables.

¡Dadme los camaradas y los amigos a millares!

Que todos los días se renueven.

¡Que cada mañana mis manos estrechen nuevas manos amigas!

Dadme espectáculos semejantes.

¡Dadme las calles de Manhattan!

¡Dadme Broadway, con los soldados que desfilan!

¡Dadme la sonoridad de las trompetas y de los tambores!

(Los soldados que desfilan por compañías, por regimientos.

Unos que parten ardientes y despreocupados,

Otros que han concluido su servicio y vuelven a las filas, jóvenes y no obstante viejos, caminando sin fijarse en nada.)

¡Dadme las riberas y los muelles, con su pesada franja de negras naves! ¡Oh! ¡Que todo eso sea para mí!

¡Oh, la vida intensa, llena hasta desbordar y diversa!

¡La vida de los teatros, de los cafés,

de los *music-halls*, de los hoteles enormes para mí!

¡La cantina del barco a vapor!

¡La multitud de los excursionistas!

¡Las procesiones nocturnas al resplandor de las antorchas! La brigada de densas filas que parte para la guerra seguida de furgones militares en los que se amontonan sus provisiones;

Gentes de todas layas y procedencias, en oleadas mundiales, con voces fuertes, con pasiones y espectáculos imponentes, Las calles de Manhattan con su potente palpitación, con tambores que redoblan como ahora, El coro rumoroso y perpetuo (el resbalar y el chishás de los fusiles, la vista misma de los heridos)

¡Las olas de Manhattan con su coro turbulento y musical! Los rostros y los ojos de Manhattan, dádmelos todos para mí.

Hijos de Adam

Yo, el poeta de los cantos adánicos,
Desbordante de vida; fálico, poseedor de potentes y originales riñones, perfectamente puro,
Indestructible, inmortal, retorno a través de las edades.

Ahora recorro el nuevo Edén, el gran Oeste de mi raza, evoco sus capitales,
Mientras me abandono a mi delirio,
Anunciando la venida de cuanto es engendrado;
Ofreciendo estos cantos,
Ofreciéndome yo mismo,
Bañando en el sexo mi ser y mis himnos,
Retoño de mi semen.

Canto de la bandera, al amanecer

EL POETA

¡Oh! un canto nuevo, un canto libre,
Que flamee, flamee, flamee con sonidos y voces siempre diversas,
Con la voz del viento y los redobles del tambor,
Con la voz de la bandera, la voz del niño, la voz del mar y la voz del padre,
Un canto que vuele a ras de tierra, que se cierna en los aires,
Que descienda a la tierra en que se hallan el padre y el niño,
Que torne a los altos aires donde ambos vuelven sus ojos, para ver flamear la bandera al apuntar la aurora,

¡Palabras! ¡Libros hechos con palabras! ¿Qué sois?
Nada más que palabras: para oír y para ver
Debéis salir al aire libre en el que elevo mi canto,
Porque allí debo cantar, con la bandera y el pendón flameantes.

Tejeré las cuerdas y las retorceré;
El deseo del hombre y el deseo del niño: Sí, los entrelazaré, infundiéndoles vida; Introduciré en él la punta relampagueante de las bayonetas, Haré silbar las balas y las granadas,
(Y proyectándolo en torno y a lo lejos, como un símbolo y una amenaza del futuro, Gritaré, con estridor de trompetas:
¡De pie, y atención! ¡Atención, y de pie!)

Bañaré en ondas de sangre mi poema, lo llenaré de voluntad y de alegría,
Y en seguida lo lanzaré al espacio para que rivalice
Con la bandera y el pendón flameantes.

EL PENDÓN
¡Sube, sube, bardo! ¡Oh, bardo! ¡Sube, sube, alma, oh alma! Sube, sube, tierno y querido niño, Ven a volar conmigo, entre las nubes y los vientos, a gozar conmigo en la infinita luz de la inocencia...

EL NIÑO
Padre, ¿qué es esa cosa, allá en el cielo, que me hace señas, Con sus largos dedos?
¿Qué es lo que está diciendo?

EL PADRE
Eso que ves en el cielo es poca cosa, hijo mío; No dice nada. Mira, más bien, chiquillo,
Esos objetos deslumbradores en las casas vecinas,
Mira cómo se abren las agencias comerciales,
Mira los vehículos repletos de mercaderías, que comienzan a circular por las calles,
¡Oh, eso, eso sí que es precioso! ¡Cómo se trabaja por poseerlo! ¡Cuán envidiadas son tales cosas en toda la tierra!

EL POETA
Fresco, en su púrpura rosada, el sol se eleva; El mar ondula en el azul lejano, cabalgando sobre sus vías amplias,
El viento avanza sobre el mar soplando hacia la tierra, El vasto y gallardo viento que sopla incansable del Oeste o del Sudoeste, Y que patina tan levemente sobre las aguas, levantando espumas de una blancura láctea,

Más, no soy el mar ni el rojizo sol, Ni el viento con su risa de jovencilla, Ni el inmenso viento que fortifica, ni el viento que fustiga, Ni el espíritu que continuamente fustiga al cuerpo, hasta el terror y la muerte, Sino aquel que viene invisible, y canta, canta, canta,

Que balbucea en los ríos, desciende sobre las maravillas de la tierra,

Que las aves de los bosques admiran por las mañanas y por las tardes,

Que las arenas de la playa conocen y las sonantes ondas, Lo propio que esa bandera y ese pendón

Que allá en lo alto flamean, flamean.

EL NIÑO

¡Oh padre! Esa cosa está viva —está llena de gente—, tiene hijos, Me parece que ahora mismo habla a sus hijos,

Yo la oigo —ella me habla—. ¡Oh, qué maravilla!

¡Cómo se dilata—y se despliega y revolotea—, oh padre mío! Y es tan amplia, que cubre todo el cielo.

EL POETA

Calla, calla, loco hijo mío. Lo que dices me llena de angustia, me desagrada mucho.

Mira donde miran los demás, te repito; no te entretengas en lo alto, Con las banderas y los pendones.

Admira más bien la calzada cuidadosamente barrida y la solidez de los muros de las casas.

LA BANDERA Y EL PENDÓN

Habla el niño, ¡oh bardo! en nombre de Manhattan,

A todos nuestros hijos, ¡oh bardo! del Sur y del Norte de Manhattan, Conságranos este día, por encima de todo; muéstranos señoreando todo, sin que sepamos la causa de ello, ¿Pues qué otra cosa somos sino pedazos de tela, sin más uso Que el de flamear al viento?

EL POETA

Yo siento y veo algo más que pedazos de tela,

Siento la marcha de los ejércitos, oigo el grito del centinela,

Oigo el jubiloso clamor de millones de hombres. ¡Oigo la Libertad!

Oigo resonar las trompetas y redoblar los tambores,

Yo mismo, en instantáneo ímpetu, me levanto y vuelo............., Vuelo con las alas del pájaro marino, y como desde una cumbre dirijo mis miradas hacia Abajo:

Yo no niego los preciosos resultados de la paz, veo ciudades populosas con incalculables riquezas.

Veo granjas innúmeras; veo campesinos trabajando en sus campos o en sus granjas,

Veo obreros en sus labores, veo por todos lados edificios en construcción,

Veo hileras de vagones que ruedan a lo largo de las vías férreas, arrastrados por locomotoras,

Veo los almacenes, las estaciones de Boston, de Baltimore, de Charleston, de Nueva Orleáns.

Veo a lo lejos, en el Oeste, el inmenso dominio de los cereales; me cierno un momento sobre él;

Vuelo hacia las selvas del Norte, explotadAs por su madera; luego vuelo a las plantaciones del Sur, luego hacia California;

Abarcando simultáneamente todo el Continente, veo las ganancias incalculables, las multitudes ocupadas, los salarios ganados, Veo la identidad formada por treinta y ocho espaciosos y soberbios Estados (Y muchos otros en el porvenir),

Veo fortalezas en las costas portuarias, veo las naves que entran y salen;
Y sobre todas estas cosas (¡Sí! ¡Sí!) mi pequeño y sutil pendón, alargado en forma de espada,
Asciende vivamente en señal de guerra y de desafío —ahora mismo lo han izado las drizas—,
Al lado de mi larga bandera azul, al lado de mi bandera estrellada,
Como persiguiendo la paz por todos los mares y los continentes de la tierra.

LA BANDERA Y EL PENDÓN

Todavía más fuerte, más alto, más sonoro, ¡oh bardo!
¡Difúndete en el espacio y en el tiempo!
Que nuestros hijos no crean que sólo significamos riqueza y paz,
También podemos ser, si lo queremos, terror y estrago —y tales somos ahora—
Ahora no somos ninguno de estos espaciosos y soberbios Estados (ni cinco ni diez)
No somos los mercados, los depósitos ni los bancos de la ciudad,
Somos todo eso y lo demás; la tierra inmensa y bruna,
Y las minas que existen debajo de ella, son nuestras,
Nuestras son las ondas de los mares, y los ríos ínfimos y grandes,
Nuestros los campos que riegan las cosechas y los frutos,
Nuestras las bahías, los canales, y las naves que entran y salen —sobre todo eso—.
Sobre el dominio que se extiende a nuestra sombra, sobre los tres o cuatro millones de millas cuadradas, sobre las capitales,

Sobre los cuarenta millones de almas (ahora pasan de cien millones). Sí, ¡oh bardo! en la vida y en la muerte,
Nosotros, realmente nosotros, flotando, supremos aquí, en la altura,
No sólo en el presente, sino por millones de años,
Enviamos este canto al alma de un pobre y pequeño niño.

EL NIÑO
¡Oh padre mío! Las casas no me dicen nada.
Nunca tendrán valor a mis ojos; yo no amo ni quiero el dinero;
Lo que yo querría es subir allá arriba, padre querido, estar sobre la bandera que amo.
Querría ser ese pendón; es menester que lo sea.

EL PADRE
Me llenas de angustia, hijo mío; Ser ese pendón sería un destino demasiado espantoso,
Ignoras lo que significa en el día de hoy y la eternidad;
Significa no ganar nada; arriesgarlo y osarlo todo,
Significa destacarse en la vanguardia de las batallas, ¡y en que batallas! ¿Qué tienes tú que ver con todo eso?
¿Con las pasiones demoníacas, con las carnicerías y la muerte prematura?

LA BANDERA
Entonces lo que yo canto son los demonios y la muerte.
Lo acojo, lo quiero todo en mi canto, sí, todo, pendón de guerra en forma de espada; Un placer nuevo y extático, y el afán que los niños balbucean,

Mezclarlo a los rumores de la pacífica tierra y a las marejadas del Océano,

Y las negras naves que combaten envueltas en ciclones de humareda,

Y el frío glacial del lejano, lejanísimo Norte, y el zumbido de los cedros y de los pinos,

Y el redoble de los tambores, y el paso marcial de los soldados,

Y el sol que diluvia sus quemantes rayos,

Y las olas que se estrellan en las playas de mi costa occidental, y las que avanzan sobre mi costa oriental,

Y todo lo que se extiende entre ambas costas, y mi Mississippi, de eterna corrieNte, con sus curvas y sus cascadas,

Y mis campiñas del Illinois, y mis campos de Kansas, y mis vegas de Missouri,

Y el Continente, afirmando su identidad sobre todo, sin olvidar un átomo.

¡Oh canto mío, difúndete como un torrente! Sumerge bajo las ondas de todo, y del producto de todo, lo que interroga y lo que canta,

Funciona, acapara, exige devóralo todo:

Ya no hablamos con tiernos labios ni con sonidos musicales,

Ya no más persuasivos; irrumpimos con mente guerrera en las tinieblas,

Croando como cuervos en el viento.

EL POETA

Mis miembros y mis arterias se dilatan; al fin se manifiesta el motivo de mi canto:

Bandera tan vasta que surges de la noche, yo te canto altanera y resuelta, Yo me escapo del reducto en que durante tanto, tanto tiempo he esperado, ciego y sordo,

Mi oído y mi lengua me han sido restituidos (un pequeño niño me ha iluminado),
Oigo de lo alto, ¡oh pendón de guerra! en tu irónico llamado
Gritar: *¡Insensato! ¡Insensato!* Sin embargo, yo te canto, ¡oh bandera!
En verdad, no eres las casas pacíficas, ni todo o parte de su prosperidad. (Si es necesario te daremos cada una de estas casas para que las destruyas;
Si no meditas la destrucción de estas casas preciosas que se alzan tan sólidas, llenas de bienestar, construidas a fuerza de tanto dinero,
¿Entonces pueden levantarse en toda su solidez?
Ni una hora, a menos que tú también flamees dominadora, por encima de ellas y de todos.)
¡Oh bandera! no eres dinero precioso, ni producto de los trabajos industriales, ni grato alimento material,
Ni las mercancías acumuladas, ni las que son descargadas de los vapores en los muelles,
Ni las soberbias naves impulsadas a vela o a vapor, que van a los países remotos en procura de cargamentos,
Ni las máquinas, ni los carruajes, ni el comercio, ni las ganancias,
Eres tal como yo te quiero, tal como te veré en adelante
(Surgiendo, del seno de la noche, con tu racimo de estrellas, de estrellas que aumentan sin cesar),
La que divide el alba, corta el aire, acaricia el sol y mide el cielo
(Percibida y amada apasionadamente por un pobre y pequeño niño,
En tanto otros trabajan o conversan, afanosamente predicando el eterno ahorro, ¡el ahorro!)

¡Oh tú, señor de la altura, ¡oh pendón, tú que ondulas como una sierpe crujiendo tan raramente,

Tú, que imperas donde no llega la mano, tú que solo eres una idea;

Tú, por quien, a pesar de ello, se lucha tan encarnizadamente, corriendo el albur de una muerte sangrienta!

¡Oh pendón querido! —¡Tan querido!— ¡Y tú, bandera que anuncias el día con tus estrellas raptadas a la noche!

Objeto invalorable, sin precio, imán de los ojos, por encima de todo, y exigiendo todo (poseedor absoluto de todo), ¡Oh bandera! ¡Oh pendón!

Yo también abandono todo lo demás.

Por grande que sea el resto, no es nada. Las máquinas, las casas, no son nada. No las veo.

Sólo te veo a ti, ¡oh pendón guerrero! ¡Oh bandera tan amplia, surcada de listas! Solo te canto a ti,

¡Flameando al viento, allá en la altura, flameante!

¡Pioners! ¡Oh pioners![1]

Vamos, hijos presurosos... Seguidme en orden, aprestad vuestras armas,
¿Tenéis vuestras pistolas? ¿Lleváis afiladas vuestras hachas?
¡Pioners! ¡Oh pioners!
No podemos arrastrarnos aquí,
Tenemos que seguir, queridos, tenemos que sostener el choque de los peligros,
Nosotros, los jóvenes, razas musculosas, nosotros, sobre quienes cuentan los demás,
¡Pioners! ¡Oh pioners!

Vosotros, los jóvenes, los mocetones del Oeste,
Tan impacientes, tan ávidos de acción, tan desbordantes de fiereza viril y de amistad,
Os veo distintamente, mocetones del Oeste, alargar el paso en la vanguardia,
¡Pioners! ¡Oh pioners!

¿Las razas mayorazgas se han detenido?
¿Debilitadas, interrumpen su lección, llenas de fastidio, allende los mares?
Nosotros seguimos la eterna empresa, cargamos con el fardo y la lección,
¡Pioners! ¡Oh pioners!

Dejamos atrás todo el pasado,

[1] Pioneros.

Desembocamos en un mundo nuevo y mayor, un mundo diverso, Incólumes y fuertes nos apoderamos de este mundo, mundo de labor y de marcha,
¡Pioners! ¡Oh pioners!

Desprendemos destacamentos al paso doble,
Cuesta abajo, por los desfiladeros y hacia las cumbres de los arduos montes;
Conquistadores, nos apropiamos todo, osando, sí, arriesgándonos a medida que hollamos las rutas desconocidas,
Pioners! ¡Oh pioners!

Vamos talando las selvas primitivas,
Remontamos los ríos, atormentamos la tierra, abrimos minas, profundamente,
Deslindamos la vasta superficie, removemos la tierra virgen,
¡Pioners! ¡Oh pioners!

Somos los hijos del Colorado,
De los picos gigantescos, de las grandes sierras, de las altiplanicies;
De las minas y de los barrancos; venimos de seguir la pista de la caza,
¡Pioners! ¡Oh pioners!

De Nebraska, de Arkansas,
Surgimos de la raza del Centro, del Missouri. La sangre del Continente se ha mezclado en nuestras venas.
Estrechamos las manos de todos los camaradas, los del Mediodía y los del Norte,
¡Pioners! ¡Oh pioners!

¡Oh raza irresistible y sin reposo!
¡Oh raza querida en vosotros todos! ¡El tierno amor que le inspiráis tortura mi corazón!
Me lamento y, sin embargo, me regocijo en los transportes de amor que me inspiráis todos vosotros,
¡Pioners! ¡Oh pioners!

Llevad bien alta la poderosa madre, la soberana,
Haced ondular bien alto la delicada soberana, por encima de todos alzad la soberana estrella (inclinaos todos),
Llevad bien alto la soberana aquilina y guerrera, la soberana austera, impasible, armada,
¡Pioners! ¡Oh pioners!

Escuchad, hijos míos, mis osados hijos:
Por las multitudes que talonean nuestra retaguardia, jamás habremos de detenernos ni titubear,
Allá a lo lejos, detrás nuestro, los millones de fantasmas de las edades nos contemplan con ojos severos, y nos empujan,
¡Pioners! ¡Oh pioners!

Siempre más lejos avanzan nuestras compactas filas,
Siempre nos llegan refuerzos; la vida colma rápidamente los vacíos que nos hace la muerte;
A través de batallas y de derrotas avanzamos sin detenernos jamás,
¡Pioners! ¡Oh pioners!

¡Oh, morir yendo adelante!
¿Algunos de nosotros están por dejarse caer para morir?

¿Ha sonado su hora...? Entonces, la muerte que nos cuadra la encontraremos en marcha, seguros de que el vacío que dejaremos será breve,
¡Pioners! ¡Oh pioners!

Todas las pulsaciones del mundo
Oídlas batir al unísono de nosotros, batir con el movimiento del Oeste;
Aislados o agrupados, avanzando al paso doble en la vanguardia, todos van con nosotros,
¡Pioners! ¡Oh pioners!

Los esplendores diversos y frondosos de la vida,
Todas las figuras y todos los espectáculos, todos los obreros en su obra,
Todos los marinos y todos los continentales, todos los amos y todos los esclavos,
¡Pioners! ¡Oh pioners!

Todos los infortunados que aman el silencio,
Todos los prisioneros en las prisiones, todos los justos y todos los malos,
Todos los alegres, todos los dolorosos, todos los vivos y todos los muertos,
¡Pioners! ¡Oh pioners!

Yo también, con mi alma y con mi cuerpo,
Iremos, curioso trío, escogiendo y vagando por nuestra ruta,
Recorriendo estas riberas, entre las sombras, mientras nos asedian las apariciones,
¡Pioners! ¡Oh pioners!

¡Mirad, el orbe rodante que hiende el espacio!

Ved, alineados, alrededor los orbes fraternales, los soles y los planetas,
Todos los días deslumbradores, todas las noches místicas,
¡Pioners! ¡Oh pioners!

Esos nos pertenecen, están con nosotros,
Todos laboran en la obra primordial y necesaria, en tanto, detrás de ellos,
los que les seguirán aguardan, embrionarios:
Y somos nosotros los que vamos a la cabeza de la procesión del día, somos nosotros los que abrimos el camino para el viaje,
¡Pioners! ¡Oh pioners!

¡Oh vosotros, hijos del Oeste!
¡Oh vosotros, los jóvenes y los mayores!
¡Oh vosotras, las madres y las esposas!
Jamás debéis ser separadas, en nuestras filas marcharéis unidas,
¡Pioners! ¡Oh pioners!

¡Rapsodas latentes en las praderas!
(Bardos amortajados de otros países, podéis reposar en paz, vuestra obra está acabada),
Pronto os oiré venir cantando, pronto os levantaréis para marchar con nosotros,
¡Pioners! ¡Oh pioners!

Ni las deleitosas dulzuras,
Ni los cojines, ni las bestias de carga, ni la paz estudiosa,
Ni la riqueza segura y enervante, ni las dichas incoloras son para nosotros,

¡Pioners! ¡Oh pioners!

¿Los golosos Trímalciones se divierten?
¿Los dormilones ahítos dormitan? ¿Han cerrado y atrancado sus puertas?
No importa, sean para nosotros la dura pitanza y la frazada sobre la tierra,
¡Pioners! ¡Oh pioners!

¿Ha cerrado la noche?
¿Fue demasiado penosa la última jornada?
¿Nos hemos detenido en mitad de la ruta, desalentados, dejando caer la cabeza?
Entonces os concedo una hora fugitiva para hacer alto y descansar, una hora de olvido,
Pioners! Oh pioners!

Hasta que, con un estallido de clarines, lejos, muy lejos, retumbe el llamado del alba, ¡oíd! ... Altísimo y claro le oigo resonar,
¡Pronto! ¡A la vanguardia del ejército!
—¡Pronto! De un salto ocupad vuestras filas,
¡Pioners! ¡Oh pioners!

Imágenes

He encontrado un vidente: que desdeñaba los matices y los objetos de este mundo,
Los campos del arte y del saber, los placeres, los sentidos: para buscar imágenes.

No pongas más en tus cantos—me dijo—, la hora ni el día enigmáticos, los segmentos ni las partes yuxtapuestas,
Pon, ante todo, como una luz para el resto, y un himno de introducción para los demás,
El canto de las imágenes.

Siempre el obscuro comienzo,
Siempre el crecimiento, la vuelta íntegra del círculo,
La cumbre siempre y el derrumbe final (para resurgir fatalmente),
¡Imágenes! ¡Imágenes!

Siempre la mudanza,
Siempre la materia que cambia, se desmigaja y se reintegra,
Siempre los talleres, las fábricas divinas,
Que engendran las imágenes.

¡Ved! Vosotros o yo,
Mujer u hombre, Estado, conocido o desconocido;
Nosotros que parecemos construir riqueza compacta, fuerza y belleza,
En realidad no construimos más que imágenes.

La apariencia que se desvanece,

La substancia de un sueño de artista, o de los largos estudios del sabio,
Los esfuerzos del guerrero, del mártir, del héroe,
Se reducen a plasmar su imagen.
De toda vida humana
(Las unidades, reunidas, controladas, sin omitir un pensamiento, una emoción, un acto),
El conjunto grande o pequeño se halla recapitulado, adicionado, En su imagen.

La vieja, viejísima impulsión, asentada sobre las antiguas cumbres, lo propio que en las más altas y nuevas.
Levantadas por la ciencia y el análisis modernos,
Coincida en la vieja, viejísima impulsión: las imágenes.

El mundo actual y nuestro,
La América atareada, superabundante, confusa, en torbellinos,
En sus masas y en sus individuos existe únicamente para manifestar
Las imágenes actuales.

Estos, y los del pasado,
Los de los países desapercibidos, de todos los reinos de los reyes de ultramar,
Conquistadores de antaño, cruzadas antiguas, periplos de los viejos marinos.
Son imágenes que se unen.

La densidad: la fecundidad, las fachadas, los estratos de las montañas, los terrenos, las rocas, los árboles

gigantes que han nacido y desaparecerán en tiempos remotos: Viven largo tiempo sólo para dejar
Imágenes eternas.

Exaltado, arrobado, en éxtasis, lo visible no es más que la matriz de sus natales,
Poseído de una tendencia cíclica al plasmar, plasmar todavía, plasmar siempre,
La colosal imagen de la tierra.

Todo el espacio, todo el tiempo
(Los astros, las espantosas perturbaciones de los soles,
Que se inflan, se desploman, acaban realizando su destino largo o breve),
No estén más que llenos de imágenes.

Las miríadas silenciosas,
Los océanos infinitos donde confluyen los ríos,
Las innumerables identidades libres y distintas como la vista,
Las verdaderas realidades, son las imágenes.

No éste el mundo,
Ni éstos los Universos: son ellos los Universos, El sentido y el fin, la permanente vida de la vida;
Ellos: las imágenes, las imágenes.

Más allá de tus lecciones, sabio profesor
Más allá de tu telescopio o de tu espectroscopio, observador sagaz,
Más allá de todas las matemáticas,
Más allá de la cirugía y de la anatomía del médico,
Más allá del químico y de su Química,

Están las entidades de las entidades: las imágenes.

Móviles y no obstante fijas, Persistirán siempre, como siempre fueron y son, Llevando el presente al porvenir infinito,
Las imágenes, las imágenes, las imágenes.

El profeta y el bardo continuarán en las regiones siempre más elevadas, Como los mediadores del mundo moderno y de la Democracia, interpretando para ambos,
dios y las imágenes.

Y tú, alma mía
Tus dichas, tu incesante inquietud, tus exaltaciones,
Tu aspiración ampliamente satisfecha al fin, te preparan de nuevo para recibir
Tus compañeras, las imágenes.
Tu cuerpo permanente, El cuerpo oculto dentro de tu cuerpo, La única razón de ser de la forma que eres, el yo real: es una visión, una imagen.

Tus propios cantos no están en tus cantos, No hay acentos únicos para cantar, ninguno existe por sí solo.
Resultan del conjunto, y se elevan al fin, cerniéndose
Como la redonda y plena imagen de un Orbe.

Pensamientos

Pienso en la opinión pública,

En el mandato pronunciado, tarde o temprano, con voz serena y fría (¡cuán impasible!, ¡cuán segura y última!)

En el Presidente, con el rostro pálido preguntándose en secreto: *¿Qué dirá al fin el pueblo?*

En los jueces frívolos, en los diputados, en los gobernadores, en los alcaldes corrompidos, en todos los que concluyen por ser descubiertos;

En los clérigos, gruñendo y lloriqueando (pronto serán abandonados por todos),

En el declinar, año tras año, del respeto religioso, de las sentencias emanadas de los funcionarios, de los códigos y de las escuelas,

En la elevación cada vez más alta, más fuerte y más vasta de las intuiciones de los hombres y de las mujeres, en la elevación del sentimiento de la alta estima de Sí mismo y de la Personalidad,

Pienso en el verdadero Nuevo Mundo, en las Democracias resplandecientes en su totalidad,

En la política, en los ejércitos, en las marinas que se ajustan a ellas, En su irradiación solar, en su luz inherente, superior a todas las demás,

Envolviéndolo, saturándolo, reverdeciéndolo, transfigurándolo todo.

Hacia el Edén

Prisioneras, dolorosas, perlas líquidas, Substancias de mi ser sin la cual no sería nada,
He resuelto glorificaros y lo haré, aunque quede solo entre los hombres; Voz mía retumbante, arranca de tu mayor profundidad
El canto del falo, el canto de la procreación.

Canta la necesidad de engendrar hijos espléndidos —y por ellos— de espléndidos adultos.
Canta la erección del músculo y la fusión de los seres;
Canta el canto de la compañera de lecho (¡oh, el irresistible impetu!
¡Oh, para todos, sin excepción, la ansiedad del cuerpo complementario!
¡Oh, para vos, quienquiera que seáis, vuestro cuerpo complementario!
¡Ese cuerpo que os embriaga, que os enloquece, sobre todas las cosas de la tierra!)

Hambre roedora que me devora noche y día, día y noche;
Momentos genésicos, angustias que avergüenzan, salgo de vosotros para cantaros;
Busco algo que todavía no he encontrado, aunque lo he buscado asiduamente durante años.

Canto el verdadero canto del alma, caprichoso aventurero, renazco en la Naturaleza más brutal, o entre los animales,

De ella y de ellos, y de lo que concuerda con ellos, saturo mis poemas;
Del aroma de las pomas y de los limones,
De la cópula de las aves, de la humedad de los bosques, del abalanzamiento de las ondas,
Del furioso abalanzamiento de las ondas hacia la tierra: Sí; todo eso llena mi canto.

Modulo ligeramente la obertura, repaso en un preludio los motivos del canto.
La felicidad de estar juntos, la visión del cuerpo perfecto,
El nadador desnudo en el agua o flotando inmóvil, de espaldas,
La forma femenina que se aproxima, y yo, que estoy allí, pensativo, con mi sexo que se estremece y me daña;

He aquí la divina lista, para mí, para vos, para cualquiera:
El rostro, los miembros, todo el cordaje, desde la cabeza a los pies, junto con las armonías y las disonancias que despierta la menor pulsación;
El delirio místico, la locura de amor, el abandono total.
(¡Escuchad en silencio, atentamente, lo que ahora os susurro:
¡Os amo, me poseéis por completo!
¡Ah si pudiéramos huir juntos de la multitud, irnos lejos, muy lejos, libres de desenfrenados!
Dos halcones en el cielo, dos peces nadando en el mar no serían más desenfrenados que nosotros!)

La tempestad pulsa mis nervios y mis arterias; tiemblo de pasión.

El juramento de no separarnos jamás, de amaros más que mi vida, os lo juro.

¡Lo arriesgo todo, todo lo abandono por vos!
¡Si es necesario perderme, que me pierda!
¡Vos y yo! ¿Qué nos importa lo que hacen o piensan los demás?
¿Qué es para mí el resto del mundo?
¡Que nos baste con gozarnos mutuamente, aspirarnos y fundirnos!
Sexo en cuya acción se maridan la cadena y la trama.
El aislamiento, los frecuentes suspiros que se exhalan en la soledad.
Todas las personas que os rodean y la ausencia de la que más habéis menester,
El suavísimo roce de sus manos a lo largo de mi cuerpo, sus dedos que se hunden en mi barba y en mi cabellera;
Los interminables besos en la boca y en los senos,
La presión del sagrado cuerpo a cuerpo... que me embriaga y me llena de desfallecimiento,
La divina faena del esposo, la obra maestra de la paternidad,
La victoria, el reposo y los abrazos a vuestra compañera en la noche,
Los poemas en acción de los ojos, de las manos, de las caderas y de los pechos,
Las temblorosas presiones de los brazos,
El cuerpo que se arquea y se agarra en la angustia del goce,
El contacto de costado, la mano que de nuevo extiende las mantas sobre el lecho;
Ella, que no quiere dejarme partir. Y yo que tampoco deseo irme...

(Espérame un instante, amada mía, volveré en seguida.)

Es la hora en que las estrellas brillan, en que cae el rocío, La hora en que huyo rápidamente de la noche y de la amada, Para celebrarte, acto divino, para celebraros, robustos riñones,

Y vosotras, proles ingentes, sembradas con amor.

Excelsior

«¿Cuál es el que ha ido más lejos? Porque yo he resuelto ir más lejos;
¿Cuál es el que ha sido más justo? Porque yo he resuelto ser el hombre más justo de la tierra;

¿Cuál es el que ha sido más prudente? Porque yo he resuelto ser el más prudente;
¿Y cuál ha sido el más feliz? Me parece que soy yo. No creo que nadie haya sido más feliz que yo;

¿Y cuál es el que lo ha prodigado todo? Porque yo he prodigado sin cesar lo más precioso de mí;
¿Y cuál ha sido el más altivo? Porque yo creo ser el más altivo de los vivientes —¿no soy hijo de una gran capital, cuyas enhiestas techumbres rozan los cielos?

¿Y cuál ha sido el más audaz y leal? Porque yo he resuelto ser el más audaz y leal del Universo;
¿Y cuál es más benévolo? Porque yo he resuelto prodigar más benevolencia que los demás;

¿Y cuál ha gozado y correspondido al afecto del mayor número de amigos? Porque yo he gozado y correspondido el afecto apasionado de innumerables amigos;
¿Y cuál es el que posee un cuerpo intachable y enamorado? Porque no creo que exista alguien que posea un cuerpo más perfecto ni más enamorado que el mío;

¿Y cuál el que concibe los más vastos pensamientos? Porque yo he resuelto sobrepujar los más vastos pensamientos;

¿Y cuál es el que ha escrito los himnos más adecuados a la tierra y al porvenir? Porque me siento arrebatado por un loco deseo—hasta el éxtasis—de crear los himnos más gozosos para todas las tierras.

A Uno que fue crucificado

Querido hermano, mi espíritu se une al tuyo, No te apenes si muchos de los que te cantan hosannas no te comprenden,

Yo que no te canto ni te adoro, te comprendo;
Con verdadera alegría te recuerdo ¡oh compañero! y al recordarte te saludo lo mismo que a los que aparecieron antes que tú, y a los que vendrán después de mí,

Para todos laboremos el mismo surco, transmitiendo la misma heredad y la misma cosecha,

Nosotros, la pequeña falange de los iguales indiferente a los países y a las edades;
Nosotros, que abarcamos todos los continentes, todas las costas, todas las teologías;

Nosotros, los humanitarios, los discernidores, el fiel de la balanza de los hombres comunes;
Nosotros, los que avanzamos en silencio en medio de las disputas y de las afirmaciones, sin rechazar las personas ni las ideas;

Nosotros, los que vemos en la naturaleza el templo sagrado;
Nosotros, que sabemos de las autocracias de las religiones;
Nosotros, que vemos a Dios dentro, y no fuera;
Nosotros, que también hemos sido crucificados y que hemos visto las religiones,

Escuchamos sus vocinglerías y sus tumultos, asaltados por sus divisiones, sus celos, sus diatribas, sus vicios horripilantes...

Envueltos, por momentos, en los círculos voraginosos de sus comparsas.

No obstante, rebeldes a todo yugo, avanzamos libremente por toda la tierra, la recorremos de Norte a Sur, de Este a Oeste, hasta imprimir nuestro imborrable sello en el tiempo y en todas las épocas,

Hasta que saturemos de nosotros el tiempo y las edades, a fin de que los hombres y las mujeres de las futuras razas se sientan y se confiesen hermanos y amigos como nosotros lo somos.

Del canto de mí mismo

ME CELEBRO Y me canto a mí mismo. Lo que me atribuyo también quiero que os lo atribuyáis.
Pues cada átomo mío también puede ser de vosotros, y lo será.

Poeta, invito mi alma al canto, mientras huelgo y paseo contemplando una brizna de hierba estival.

Mi lengua, y cada molécula de mi sangre... emanan de esta tierra, emanan de este aire.

Nací aquí, de padres cuyos abuelos y cuyos bisabuelos
también nacieron aquí.

A los treinta y siete años de edad, y con una salud perfecta comienzo estos himnos, con la esperanza de continuarlos hasta en la muerte.

Otorgo un armisticio tanto a los credos como a las escuelas.
Los considero un momento a cierta distancia, consciente de lo que son y de lo que significan,
sin olvidarlo nunca.

En seguida me brindo como un asilo al bien y al mal,
dejo que tomen la palabra todos los azares.
Me brindo a la desenfrenada Naturaleza, con energía original.

La atmósfera no es un perfume, no sabe a esencias,
es inodora.
Mi boca la aspira en vitales sorbos; la adoro locamente, como a una amada.

Iré al declive donde comienza el bosque, me quitaré las ropas, me desnudaré:
para gozar su contacto.

Me deleita la humedad de mi propio aliento, los ecos, las ondulaciones, el vago zumbar de las murmuraciones silvestres, la raíz del amor,
los filamentos de seda,
los zarcillos
y las cepas de las viñas,
mi inspiración y mi respiración, el latir de mi víscera, la sangre
y aquel aire que acarrean mis pulmones,

Me deleitan
El olor de las hojas verdes y de las hojas secas, el de las negruzcas rocas a lo largo de la costa, el olor del heno almacenado en los pajares,
El sonido de mi voz cuando aúlla palabras y las arrojo en los remolinos del viento,
Algunos besos a flor de labios,
algunos abrazos, pecho a pecho,
El vaivén del sol y de la sombra sobre los árboles
cuando las brisas mecen sus ramajes,
La alegría de la soledad entre aquellas arbóreas muchedumbres de bosques o entre las apreturas multitudinarias de las calles,

La sensación de la salud, el himno de mediodía, mi canción matinal al levantarme de la cama y encontrarme de nuevo frente al sol.

¿Creías luego que os bastarían cien hectáreas de tierra?
¿Creías que toda la tierra era demasiado?
¿Hace mucho tiempo que estás aprendiendo a leer?
¿Has sentido orgullo al penetrar el sentido de mis poemas?

Ven, ven conmigo un día y una noche, y te enseñaré el origen de todos los poemas.

Ven, Poseeréis todo lo bueno que existe en la tierra y en el sol
(también existen otros millones de soles),
Yo no quiero que sigáis recibiendo las cosas de segunda o de tercera mano,
ni que miréis con mis ojos ni que recibáis las cosas como dádivas mías,

Quiero que abráis los oídos a todas las voces, y que estas os impresionen por su propia virtud
y según vuestra naturaleza.

He escuchado aquello que narraban algunos juglares:
historias de comienzos y de fines.

Yo no hablo del comienzo ni del fin.

Nunca ha habido otros comienzos que los que presenciamos cada día,

Nunca ha habido más juventud ni más vejez que la existente en la actualidad;

Nunca habrá más perfección que la perfección de nuestros días,

Ni más cielos ni más infiernos que los que existen en la actualidad.

Impulsión, más impulsión, siempre impulsión,

La impulsión es la incesante procreadora del mundo.

Los iguales emergen de la sombra y entonces se desarrollan complementarios,

Siempre la substancia y la multiplicación...; el sexo, siempre;

Siempre un tejido de identidades y un tejido de diferenciaciones:

Siempre la concepción, la preñez y el parto de la vida.

Es inútil refinar; tanto cultos como incultos lo comprenden por igual.

Es límpida y suave... mi alma,

Igualmente, límpido y suave es todo lo que no es mi alma.

Si faltara uno de los dos, faltarían los dos. Lo invisible se prueba por lo visible;

hasta que éste se haga invisible, y sea probado a su vez.

Todas las épocas se han esforzado en valorar «lo mejor»
y en distinguirlo de «lo peor»;
Como conozco la absoluta justeza y constancia de las cosas, permanezco silencioso en medio de
las discusiones,
luego voy a bañarme y a admirar mi cuerpo.

Bien venido sea cada uno de mis órganos y de mis atributos,
y los de todo hombre puro y cordial.

Ni una pulgada de mi ser, ni un átomo, son viles,
Ninguno de ellos debe serme menos familiar que los demás.

Me siento feliz.
Veo, bailo, río, canto.

Cuando mi acariciante y afectuoso camarada —que ha dormido a mi lado toda la noche— se aleja a pasos furtivos al amanecer, dejándome canastos llenos de blancas lencerías que alegran la casa con su abundancia,
¿retardaré entonces mi aceptación y mi cariño, preocupado en saber en seguida,
céntimo a céntimo, el valor exacto de ambos, y cuál de los dos resultará ganancioso?

Mi yo real, inaccesible a los tirones y a las sacudidas,
se goza en su unidad, satisfecho, compasivo, ocioso,
Mi yo real
mira mirar el mundo por debajo, ora erguido, ora apoyado en un sostén seguro,
aunque impalpable;

Deduce lo que será de lo que es, mira todo con curiosos ojos,
Mezclando al juego —y a la vez fuera de él—,
observándolo y maravillándose.

Veo detrás de mí el tiempo en que erraba en la niebla
entre verbosos y discutidores:
Ya no derrocho burlas ni objeciones, observo y espero.

Alma mía, creo en ti; el otro hombre que soy no debe humillarse ante ti,
Como tú no debes humillarte ante el otro.

Ven a soñar conmigo sobre la hierba, vuelca en mis oídos los desbordamientos de tu garganta;
No hay necesidad de palabras, músicas, rimas ni conferencias,
así fueran las mejores.

Me basta únicamente con tu arrullo, con las confidencias
y las sugestiones de tu voz.

Recuerdo una límpida mañana estival tendidos sobre las hierbas;
Posaste la cabeza en medio de mis rodillas, volviéndote dulcemente
hacia mí,
Entreabriste mi camisa, hundiendo tu lengua, pecho adentro... ... ... hasta el corazón;

Luego te alargaste adhiriéndote toda desde mi barba
hasta los pies.

En seguida se esparcieron sobre mí la paz y la sabiduría que sobrepujan todos los argumentos de la tierra;
Comprendí que la mano de Dios era una promesa para la mía,
Supe que el espíritu de Dios era hermano del mío;
Supe que nada desaparece; todo es progreso y desarrollo,
Y morir es muy diferente de lo que todos suponen
y es más feliz.

¿Alguien, algún día, ha pensado que nacer era una gloria?

Me apresuro a manifestarle que morir es tan venturoso como nacer.
Lo sé.

Yo agonizo con los moribundos y nazco con los que nacen,
Mi yo no está contenido por completo entre mis zapatos
y mi sombrero.

Examino la multiplicidad de los objetos, no existen dos iguales,
y cada cual es bueno.

Buena es la tierra, los astros son buenos, y cuanto les acompaña
es bueno.

Yo no soy una tierra ni lo accesorio de una tierra,
Yo soy el camarada de las gentes todas, tan inmortales e insondables como yo.

(Ellos ignoran su inmortalidad, pero yo... yo la conozco, la sé.)

El niño duerme en su cuna,
Entreabro la muselina y le miro un rato, luego, en silencio
espanto las moscas con la mano.

El joven y la joven de empurpuradas mejillas se alejan
por la espesura del ribazo,
Desde lo alto,
mi curiosa mirada los acompaña.

El suicida yace allí, extendido sobre aquel piso ensangrentado de la habitación,
Observo los destrozados cabellos del cadáver, veo el sitio donde ha caído el revólver.

Amo ir solo de caza por las soledades y las montañas
Amo errar caprichosamente, maravillado de mi ligereza
y de mi alegría;
Cuando llega el anochecer elijo un retiro para pernoctar;
Enciendo fuego, aso la caza recién muerta
Y me adormezco sobre un montón de hojas, con mi perro
y mi fusil al lado.

El esclavo fugitivo se aproximó a mi choza, deteniéndose
en el umbral,
Por la entreabierta puerta de la cocina, lo vi tambalearse
y sin fuerzas:
Fui hacia el tronco de árbol en que se había sentado, lo cogí entre mis brazos,
y lo llevé adentro;
Una vez le hube inspirado confianza, llené un cubo de agua
para su cuerpo sudoroso
y sus pies desgarrados,
Luego lo conduje a un cuarto contiguo del mío, y le di ropas limpias y abrigadas,
Recuerdo perfectamente el deslumbramiento de sus ojos,
y su actitud embarazada,
Recuerdo haberle aplicado cataplasmas en las desgarraduras de su cuello
y de sus tobillos;
Una semana pasó a mi lado el fugitivo, hasta restablecerse
y poder emigrar hacia el Norte,
Comía conmigo —en mi mesa— en tanto mi escopeta
yacía en un rincón.

Veintiocho jóvenes se bañan en el río,
Veintiocho jóvenes, todos ellos compañeros y amigos;
Y ella, ella, ella, con sus veintiocho años de vida femenina,
¡tan tristemente solitaria!

La casa de ella es la más hermosa de la ribera;
De la bella que elegantemente vestida observa a los bañistas
a través de los visillos de su balcón.

¿A cuál de ellos amará la bella?
¡Ah! el menos hermoso de todos es magnífico para ella.

¿A dónde vas así, señora?
¡Aunque permaneces oculta en tu cuarto, noto que os sumergís
allá,
en el agua!

Te veo avanzando por la ribera, danzando y riendo, hermosa bañista;
Los otros no la ven, mas ella los ve, cada vez más inflamada de amor.

Las barbas y los cabellos de los jóvenes relucen con el agua que los empapa;
Una mano invisible se pasea sobre sus cuerpos,
Desciende temblorosa de sus sienes y de sus pectorales.

Los jóvenes nadan de espaldas, sus blancos vientres se esponjan al sol; no preguntan quién los abraza tan estrechamente,
Ignoran quién suspira y se inclina sobre ellos, suspensa y encorvada como un arco.
¡Los jóvenes no saben a quién salpican con vapor de agua!

Bueyes que hacéis sonar andando el yugo y la cadena, o que reposáis a la sombra de los follajes,

¿qué es lo que expresan vuestros ojos?

Me parece que expresan más que todas las líneas impresas que he leído en mi vida.

Amo todo lo que se desarrolla al aire libre;

Los hombres que guardan tropas y rebaños, los que navegan por los océanos, los que viven en plena selva,

Los que construyen y los que tripulan naves, los que manejan el hacha y la azada, los que doman potros y los que cazan búfalos.

Me complazco en su compañía, semanas tras semanas.

Llego con potentes músicas, entre el estruendo de mis trompetas y de mis tambores,

No sólo ejecuto marchas para los vencedores consagrados,

también las ejecuto para los vencidos y para las víctimas.

Muchas veces habréis oído decir lo hermoso que es obtener

las ventajas de cada jornada,

¡Yo os digo que también es hermoso sucumbir, que las batallas se pierden en la misma intención en que son ganadas!

Mi tambor redobla en loor de los muertos,

Para ellos mi trompeta avienta sus notas más retumbantes
y gozosas.

¡Loor!
¡Loor a los que cayeron!
¡Loor a todos aquellos, cuyas guerreras naves se hundieron bajo las olas!
¡Loor a cuántos se hundieron en los mares!
¡Loor a los generales vencidos en todas las batallas y a todos los seres muertos!
¡Loor a los innumerables héroes desconocidos, iguales a los más famosos y sublimes héroes!

¿Quién va ahí?
Hambriento, grosero, desnudo y místico,

¿Cómo es posible que saque fuerzas del buey que como?

¿Qué es un hombre, después de todo?
¿Qué soy?
¿Qué sois?

Cuanto refiero a mí mismo, quiero que vos también os lo atribuyáis,
Si no hubiera equivalencia entre vos y yo, sería inútil que me leyerais.

Yo no lloriqueo como lloriquean los que van lamentándose por el mundo,
Que el tiempo y la nada son sinónimos, que la tierra no es más que podredumbre.

Tropel gemebundo y rampante, estirpe de los valetudinarios y de ortodoxos
que buscan la cuadratura del círculo:
En cuanto a mí, llevo mi sombrero según me place,
tanto dentro como fuera.

¿Orar? ¿Para qué? ¿A quién? Mi cabeza no está hecha para reverencias
ni mi boca está hecha para sumisiones.

Sé que soy un inmortal.
Sé que la órbita que describo no puede ser medida con el compás de un carpintero.
Sé que no me desvaneceré como el círculo de fuego que un niño traza en la noche con un tizón ardiente.

Sé que soy venerable,
No torturo mi espíritu para defenderlo ni para que me comprendan,
Sé que las leyes elementales jamás piden perdón,
(Después de todo no me juzgo más soberbio que el nivel en que se asienta mi casa.)

Existo tal cual soy, eso me basta,
Si nadie lo sabe, si nadie lo comprende, eso tampoco derrumba mi satisfacción,
Y si lo saben todos, mi satisfacción sigue siendo la misma.
Lo sabe un mundo —el más vasto de los mundos para mí—, que soy yo mismo.

Y llegaré a mis fines, hoy mismo, o dentro de diez mil años,
o después de diez millones de años,
llegaré a mis fines.
Puedo aceptar ahora mi destino con corazón alegre, o esperar con igual alegría.

Grantítico es el pedestral en que se apoya mi pie;
Yo me río de lo que llamáis disolución,
Yo conozco las amplitudes del tiempo.

Yo soy
el poeta del Cuerpo y el poeta del Alma,
Los placeres del Cielo me acompañan y me acompañan las torturas del Infierno:
He multiplicado en mí
el injerto de los primeros,
Los segundos
los traduzco en un idioma nuevo.

Yo soy
el poeta de la mujer tanto como el poeta del hombre,
Digo que la grandeza de la mujer no es menor que la grandeza del hombre,
Digo que nada hay más grande que la madre de los hombres.

Canto el himno de la expansión y del orgullo.

Demasiado hemos implorado
y demasiado hemos bajado la frente.

Muestro que la grandeza no es sino desarrollo.

¿Habéis sobrepujado a los demás?
¿Sois Presidente?
Es una bagatela, cada cual debe ir más allá de eso,
avanzar siempre.

Yo soy quien camina en la dulzura de los anocheceres.
Lanzo mis gritos a la tierra y al mar
semienvueltos por la noche.

¡Cíñete fuertemente a mí,
noche de desnudos senos!

¡Cíñete fuertemente,
noche magnética y nutricia!

¡Noche de vientos del Sur, noche de los grandes astros!
¡Noche silenciosa que me guiñas, noche estival, loca
y desnuda.

¡Sonríe, tierra voluptuosa de frescos hálitos!
¡Tierra de árboles adormecidos y vaporosos!
¡Tierra del sol poniente, tierra de montañas cuyas cumbres se pierden en la bruma!
¡Tierra de la cristalina lechosidad tenuemente azulada del plenilunio!
¡Tierra de los rayos y de las sombras, que nievan las ondas del río!
¡Tierra del gris límpido de las nubes, más brillante y claro en homenaje a mi admiración!

¡Tierra curvada hasta perderse de vista, tierra fértil cubierta de pomaredas!

Sonríe, pues tu amante se aproxima.

Pródiga, me has brindado tu amor. ¡Por eso te ofrendo el mío!

¡Oh Amor, indecible y apasionado!

¡Oye, oh mar! Igualmente me abandono a ti, adivino lo que quieres decirme,

Desde la playa veo tus encorvados dedos que me llaman,

Me parece que rehúsas alejarte sin haberme acariciado.

Tenemos que hacer juntos un paseo; aguarda que me desvista;

Llévame pronto hasta perder de vista la tierra,

Méceme en tus muelles cojines, desvanéceme en el columpio de tus ondas,

Salpícame de amoroso líquido, que yo haré lo mismo contigo.

Mar de desplegadas olas, Mar que respiras con un jadeo largo y convulsivo,

Mar de la sal de la vida

y de las tumbas que ninguna pala abre (y no obstante, siempre prontas),

Mar que ruges

y te abalanzas en las tempestades,

mar caprichoso y adorable;

¡Yo soy consubstancial a ti, yo también soy de una sola faz

y tengo todas las fases!

Yo soy el poeta del bien, pero no rehusó ser también el poeta del mal.

¿Qué pretende
significar toda esa charlatanería acerca del vicio y de la virtud?
El mal me impulsa, la reforma del mal me impulsa, pero yo
permanezco indiferente,
Mi actitud no es la de un censor ni la de un reprobador,
Yo riego las raíces de todo lo que crece.

Que se hayan conducido bien en el pasado, o que se conduzcan bien actualmente, nada tiene de asombroso:
El prodigio perpetuo consiste en que pueda haber un hombre bajo o un impío.

¡Desenvolvimiento infinito de las palabras en los tiempos!
La mía
es una palabra moderna: la palabra *¡multitud!*

Mi palabra supone una fe inextinguible, una fe siempre veraz.
Que se realice aquí o en el porvenir, me es indiferente.

Me confió al Tiempo sin temor,
El solo es puro, perfecto, redondea y completa todo.
Sólo esta maravilla desconcertante y mística lo completa todo.

Acepto la Realidad, no la discuto, Comienzo y termino

impregnándome de materialismo.

¡Hurra a la Ciencia positiva!
¡Viva la demostración exacta!
En su honor que traigan y entrelacen ramas de pino, de cedro y de floridas lilas:
He aquí el lexicógrafo, he aquí el químico, he aquí el lingüista,
descifrador de antiguas inscripciones,
Estos marinos han guiado su nave a través de mares desconocidos, sembrados de escollos,
Este es el geólogo, aquél maneja el escalpelo, este otro es matemático.

¡Señores míos, científicos ilustres, los primeros honores os corresponden!
Los *hechos* que citáis, las observaciones que traéis, son útiles;
sin embargo, no son de mi dominio,
¡Mediante ellos no hago más que entrar en una parte de mi dominio!

Las palabras de mis poemas no evocan las propiedades reconocidas de las cosas.
Evocan la vida no catalogada, la libertad, la emancipación.
Mi poema no se preocupa de los casos neutros y determinados,
Mi poema favorece a los hombres y a las mujeres potentemente organizados.
Redoblan los tambores de la rebelión, se unen a los prófugos,
a los que se confabulan

y a los que conspiran.

Yo soy Walt Whitman, un cosmos, un hijo de Manhattan[2]
Turbulento, carnívoro, sensual,
que come, que bebe, que procrea.
(No un sentimental, no uno de esos seres que se creen por encima de los hombres y de las mujeres, o apartado de ellos.)
Yo no soy modesto ni inmodesto.

¡Destornillad las cerraduras de las puertas!
¡Destornillad las puertas de sus encajes!

El que rechaza a un hombre cualquiera, me rechaza a mí.
Todo lo que se hace o se dice concluye por rebotar contra mí.

A través de mí, como por un desfiladero, pasa la inspiración,
Pasan a través de mí la corriente y la aguja indicadora.

Yo transmito la contraseña de las edades, enseño el Credo de la democracia;
¡Pongo por testigo al Cielo! Nada aceptaré que los demás no puedan aceptar en las mismas condiciones.

Suben de mis profundidades múltiples voces milenariamente mudas.
Voces

[2] Nombre indígena de la isla en que se asienta Nueva York.

de interminables generaciones de prisioneros y de esclavos,
Voces de enfermos y de desesperados, de ladrones y de decrépitos.
Voces de los ciclos de preparación y de crecimiento,
Voces de los hijos que unen a los astros del pecho de las madres y de la savia de los padres.
Voces de las encrucijadas, de las cárceles, de los manicomios, de los hospicios y de los cuarteles,
Voces de los imbéciles, de los despreciados, de los humildes.
Voces vagas como disueltas en invernales neblinas,
Voces de los escarabajos, del oprobio y del crimen.

Suben —desde mis profundidades— las voces prohibidas.
Las voces de los sexos y de las concupiscencias, cuyo velo entreabro.
Voces indecentes, bramidos primordiales, gritos locos que yo clasifico y transfiguro.

Yo no pongo el dedo sobre mi boca.
Trato con la misma delicadeza las entrañas de la cabeza o el corazón.
A mis ojos la cópula no es más grosera que la muerte.

Creo en la carne y creo en sus apetitos.
Ver, oír, tocar, son milagros; cada partícula de mi ser es un milagro.

Tanto por fuera como por dentro soy divino,
Santifico lo que toco, y cuanto me toca,
El olor de mis axilas es más puro que la plegaria,

Mi cabeza es más que las iglesias, las biblias y los credos.

Cuando subo la escalinata de mi puerta suelo detenerme para preguntarme si eso es cierto,
Una campanilla que azulea en mi ventana me satisface más que toda la metafísica de los libros.

¡Contemplar el amanecer!

La tenue —tenuísima claridad— desvanece las sombras inmensas y diáfanas,
El sabor del aire place a mi paladar.

Deslumbrador, formidable, el surgimiento del sol me mataría súbitamente si ahora,
y en todo momento, yo no pudiera proyectar fuera de mí un sol levante.

También nosotros somos deslumbradores
y formidables como el sol,

Hemos hallado lo que necesitábamos, ¡oh alma mía! en la calma
y en la frescura del alba.

Escucho el canto de la mágica «soprano».
(¿Qué es mi obra comparada con la suya?)

La orquesta me arrebata más allá de la órbita de Urano,

Suscita en mí locos ardores cuya existencia ignoraba,
Me hacen volar sobre el mar cuyas ondas indolentes rozan mis pies,
Una granizada aguda y furiosa me asaetea, pierdo la respiración,
Me siento sumergido en un baño de morfina que sabe a miel,
mi tráquea se estrangula mortalmente,
Al fin,
me siento libertado para sentir el enigma de los enigmas,
Yo: lo que llamamos ser.

Creo que una brizna de hierba no es inferior a la jornada de las estrellas,
Creo que la hormiga es tan perfecta como ellas,
Al igual que un grano de arena o el huevo del reyezuelo,
Y el renacuajo es una obra maestra comparable a las más grandes,
Y la zarza trepadora podría ornar el salón de los cielos,
Y la coyuntura más ínfima de mi mano desafía toda la mecánica,
Y la vaca que rumia con la cabeza gacha sobrepuja cualquiera estatua.
Y un ratón es un milagro capaz de conmover sextillones de incrédulos.

Podría ir a vivir con los animales, tanto me place su calma y su indolencia;
Permanezco horas enteras contemplándolos;
No se amargan ni se lamentan por su destino,
No permanecen despiertos en las tinieblas llorando sus pecados,

No se descorazonan con disputas acerca de sus deberes para con Dios,

Ninguno se muestra descontento y la manía *de poseer* no los enloquece,

Ninguno se arrodilla ante otro ni ante alguno de sus congéneres muerto hace millares de años,

Ninguno de ellos vive con *respetabilidad*, ninguno exhibe su infortunio a la curiosidad del mundo.

Así me prueban su parentesco conmigo,

y como tal los acepto,

Me traen testimonios de lo que soy, y me demuestran claramente que poseen los más altos valores.

Al anochecer, subo al trinquete, renuevo la guardia que vela en el nido del cuervo.

Navegamos por el mar ártico, hay luz suficiente para orientarnos,

A través de la atmósfera traslúcida mi vista abarca la prodigiosa belleza que me rodea,

Pasan ante mis ojos enormes moles de hielo, el paisaje es visible en todas las direcciones,

En la lejanía se destacan

las cumbres blanquísimas de las montañas; hacia ellas peregrinan los caprichos

de mi imaginación,

Nos acercamos a un gran campo de batalla en el cual pronto tendremos que combatir,

Pasamos ante las colosales vanguardias del ejército, pasamos prudentemente

en silencio;

O bien, avanzamos por las avenidas de alguna gran ciudad en ruinas,

Los bloques de piedra

y los derruidos monumentos sobrepujan todas las capitales vivientes de la tierra.

Soy un libre enamorado, acampo junto a la hoguera que alegra el vivac del conquistador,
Arrojo del lecho al marido y ocupo su puesto al lado de la esposa.
Toda la noche la oprimo ardientemente entre mis muslos
y mis labios.

Comprendo el vasto corazón de los héroes,
El coraje moderno y los corajes pretéritos,

El desdén y la calma de los mártires,
La madre de antaño condenada por bruja y quemada sobre haces de leña seca, a la vista de sus hijos,
El esclavo, perseguido como una presa, que cae en mitad de su fuga, todo tembloroso y sudando sangre,
Las municiones asesinas que la asaetean como agujas en las piernas y el cuello,
Todo eso lo siento y lo sufro como él.

Cambio de agonías como de vestimentas.

No pregunto al herido qué es lo que siente, yo mismo me convierto en el herido,
Sus llagas se ponen lívidas en mi cuerpo, mientras lo observo apoyado en mi bastón.

Soy el bombero con el pecho hundido bajo los escombros,
Los muros al derrumbarse me han cubierto por completo.

Respiro humo y fuego, oigo los angustiosos rugidos de mis camaradas,
Oigo el chocar lejano de sus picas y de sus palas,
Ya llegan hasta mi encierro, y me levantan suavemente.

Estoy extendido en el suelo con mi camisa roja, todos callan a mi alrededor,
No sufro ni me desespero a pesar
de mi agotamiento,
Bellas y blancas son las personas que me rodean, con sus cabezas libres del casco,
El grupo arrodillado se desvanece con la luz de las antorchas.

Ahora narraré el asesinato de cuatrocientos doce jóvenes guerreros
asesinados alevosamente.
Copados por fuerzas enemigas nueve veces mayores que las suyas, formaron un cuadrado, emparapetándose detrás de sus bagajes;
Ya habían matado
a más de novecientos enemigos,
Cuando cayó su coronel
y quedaron sin municiones;
Entonces parlamentaron,
obteniendo una capitulación digna, firmada por los jefes respectivos,
En seguida entregaron sus armas y siguieron a sus vencedores
como prisioneros de guerra.

Eran la flor de la raza, eran la gloria de los montaraces de Texas,

Eran incomparables para cabalgar potros, para lizar, cantar, divertirse, cortejar las jóvenes,
Bellos, turbulentos,
amables, generosos, altivos,
Barbudos, asoleados, vestidos con el típico traje de los cazadores,
Ninguno de ellos tenía más de treinta años.
En la mañana del segundo domingo,
a principios de un admirable verano, fueron conducidos por destacamentos y asesinados en masa.

Ninguno obedeció a la orden de ponerse de rodillas,
Unos hicieron un esfuerzo desesperado y furioso,
otros se mantuvieron firmes,
inmóviles;
Algunos cayeron a la primera descarga,
heridos en las sienes o en el corazón; vivos y muertos yacían juntos,
Los mutilados se escondían en el barro y los compañeros que iban llegando los percibían
extendidos allí,
Unos pocos medio-muertos trataban de huir rampando,
Estos fueron ultimados a bayoneta limpia o a culatazos;
Un valiente que no tenía diez y siete años cogió a su asesino y tuvieron que acudir dos más para arrancarlo de sus manos.
Los tres quedaron con sus ropas en jirones, empapados con la sangre del niño.

A las once comenzaron a quemar los cuerpos:
Tal era la historia
del asesinato de cuatrocientos doce jóvenes.

¿Quién es ese salvaje desbordante y cordial?
¿Es de los que están a la espera de la civilización, o habiéndola sobrepujado la dominan?

¿Es nativo del Sudoeste, es uno de aquellos cuya infancia transcurriera al aire libre? ¿Es un canadiense?
¡Viene de la región de Mississipi? ¡Del Yowa, del Oregón o de California?
¿De las montañas, de las praderas... o de los bosques?
¿Es un marino que ha recorrido los mares?
Vaya donde vaya, hombres y mujeres lo acogen con simpatía,
Desean que los ame, los toque, les hable, y viva con ellos.

Su conducta es tan arbitraria como la de los copos de nieve, sus palabras tan sencillas como las hierbas, su caballera, sin peinar, rey de la risa y de la sinceridad,
Su lento andar, sus rasgos ordinarios, sus maneras ordinarias
lo mismo que sus emanaciones,
Estas emergen del extremo de sus dedos en formas nuevas,
Flotan en el aire que le rodea, con el olor de su cuerpo y de su aliento, y también irradian de sus miradas.

¿Queréis que os describa un combate naval de los pasados tiempos?
¿Queréis saber quién fue victorioso a la luz de la luna y las estrellas?

Oíd la historia tal como me fuera narrada por el padre de mi abuela.

No eran cobardes, no, los tripulantes de la fragata enemiga (me decía)
Su obstinado y aguerrido coraje era el de los ingleses
(No existe coraje más rudo ni más firme, nunca ha existido ni existirá coraje mayor);
Era el anochecer cuando el buque enemigo nos saludó con el primer cañonazo.

Nos abordamos en seguida, las vergas de los buques se entrecruzaron, los cañones llegaron a tocarse,
Mi capitán tomó parte en la lucha como el más audaz de sus subalternos.

Los cañonazos del enemigo nos abrieron varias vías por debajo de la línea de flotación,
Dos cañones del primer puente de nuestra fragata estallaron al romper el fuego, matando a los que se hallaban a su alrededor.

Así continuó el combate durante el crepúsculo y luego en las tinieblas,
A las diez de la noche, bajó el plenilunio, nuestras vías de agua iban en aumento (ya teníamos más de cinco pies),
El capitán de armas hizo subir a los prisioneros encerrados en la cala de popa,
para que se salvaran según pudieran.
Ahora los que circulan por los pasadizos, cerca de la Santa Bárbara, son detenidos por los centinelas;
Estos, al ver tantas caras extrañas, ya no saben de quién fiarse.

Nuestra fragata arde por varios sitios,

El enemigo nos grita: ¿Os entregáis?
¿Soltáis la bandera?

Suelto la risa al oír la voz de mi capitán que contesta a toda voz: ¡No! *¡No la soltamos!*
¡Ahora comenzaremos nosotros!

No nos quedan más que tres cañones:
Con uno, nuestro capitán apunta al palo mayor de la fragata enemiga,
Los otros dos, cargados de metralla, barren los puentes, y hacen callar su mosquetería.
Desde las cofas, algunos tiradores secundan el fuego de nuestra pequeña batería,
Su tiroteo continúa durante toda la acción.

Ni un instante de tregua:
Las vías de agua vencen las bombas,
el incendio avanza hacia los polvorines,
Un cañonazo hace estallar una de nuestras bombas de agua;
Todos creen que nos hundimos.

El pequeño capitán conserva su serenidad,
No se apresura, su voz es la misma de siempre,
Sus ojos nos vierten más luz que las linternas de combate.
Hacia las doce de la noche, bajo los rayos de la luna, se nos rindieron.

La media noche se extiende inmensa y silenciosa.

Dos grandes cascos yacen inmóviles en las tinieblas,
Nuestra fragata se hunde lentamente, hacemos los preparativos por pasar a la que hemos conquistado,
En el extremo de la popa el capitán imparte sus órdenes fríamente,
con el rostro blanco como un sudario,
Junto a él yace el cadáver de un niño de nuestra tripulación,
Y la cara muerta de un viejo lobo de mar con sus largos cabellos blancos y las guías de sus bigotes cuidadosamente rizadas.
Las llamas se asoman por todos lados,
Se oyen las voces de dos o tres oficiales, atentos a su consigna,
Se ven montones de cadáveres y cuerpos, aislados pedazos de carne
y miembros esparcidos,
Cordajes rotos, aparejos que se balancean, y el ligero entrechocar de suaves ondas
Se ven los cañones, negros e impasibles, restos de paquetes de pólvora, un tremendo olor a carne quemada y a pólvora.
Algunas grandes estrellas que brillan en la altura —silenciosas y como enlutadas—,
La brisa que llega en suaves hálitos, el relente que sabe a los juncos marinos y a los prados que bordean la ribera, los supremos mensajes confiados a todos los sobrevivientes,
El rechinamiento de la sierra del cirujano, los dientes de acero que hienden los tejidos vivos y los huesos:
Respiraciones silbantes, cloqueos agónicos, charcos sanguinolentos, la sangre que fluye a chorros, gritos instantáneos y locos,
gritos largos y melancólicos gemidos:

Todo eso se ve y todo se oye: todo eso es un combate naval, todo lo irreparable.

Sol insolente y glorioso, no tengo necesidad de tu calor,
Suspende tu trayectoria,
Tú solo iluminas las superficies, yo ilumino las superficies y las profundidades,
¡Tierra, tierra! parece que buscas algo entre mis manos.
Dime, vieja coqueta: ¿qué quieres de mí?

Detrás de esa puerta alguien agoniza.
Yo entro en su habitación, tiro los cobertores al pie del lecho, expulso al médico y al sacerdote.

Cojo entre mis brazos al moribundo..., y lo incorporo con irresistible voluntad.
¡Desesperado —le digo—, he aquí mi cuello,
¡Dios me es testigo... de que no quiero que muráis!
¡Suspendeos de mí, con todo vuestro peso!
Os dilato con un soplo formidable,
Lleno toda la habitación de fuerzas guerreras,
Fuerzas de cuantos me aman y resisten las atracciones de la tumba.

¡Dormid! ¡yo y mis amigos os velaremos hasta el alba!
No temáis, la muerte no se atreverá a rozaros con sus alas.
Os he cogido entre mis brazos, sois mío;
Cuando despertéis mañana, comprobaréis la verdad de lo que os digo.

¡Dormid!
¡Mirad! No os ofrezco sermones ni pequeñas caridades
Me doy yo mismo cuando doy.

No pregunto quién sois, ni lo que hacéis o lo que habéis hecho,
Nada podéis hacer, nada podéis ser,
exceptuando lo que yo encierre en vosotros.

Doy un beso familiar en la mejilla del esclavo que laborea en las plantaciones de algodón y en la del obrero que limpia las letrinas.
Juro en mi alma que jamás renegaré de ellos.

Busco las mujeres aptas para la maternidad.
Me place hacerles grandes y vivaces hijos.
(Siembro en ellas la substancia de futuras y arrogantísimas Repúblicas.)

He leído cuanto se ha escrito sobre el Universo,
Sé, por haberlo oído hasta saciarme, cuanto se ha dicho desde hace millares de años,
No es muy malo para lo que es... pero ¿es eso todo?

Vengo para magnificar y para realizar,
No me opongo a las revelaciones especiales,
Considero que una espiral de humo, o un vello del dorso de mi mano es tan admirable como cualquier revelación,

Los bomberos —enfocando las bombas, o bien, subiendo por sus escalas—, no me parecen menos inferiores
que los dioses guerreros de la antigüedad,

Es estercolero, las inmundicias, me resultan más prodigiosas que todo lo que se sueña,
Lo sobrenatural no lo es más que de nombre;
Yo mismo espero la hora en que seré uno de los seres supremos,
Día vendrá en que yo haré tanto bien como los más grandes, en que los igualaré en maravilla,
¡Vedme!
Desde ya me convierto en un creador,
Desde ya
integro el seno misterioso de la sombra.
Estos innumerables y buenos hombrecillos que trotan a mi alrededor, metidos en sus cuellos y en sus trajes coludos
Sé muy bien quienes son (no son gusanos ni son pulgas),
Reconozco en ellos a mis iguales, el más débil y vacío es tan inmortal como yo,
Lo que hago y digo les atañe igualmente,
Cada idea que relampaguea en mí,
Relampaguea igualmente en ellos.

Sé perfectamente hasta dónde llega toda mi egolatría,
Sé lo omnívoros que son mis versos, y no dejo por ello de escribirlos;
¡Quienquiera que seas, mi anhelo será el de elevarte a mi propio nivel!

Yo no he hecho mi poema con las palabras de la rutina,

Lo he hecho como una brusca interrogación, abalanzándome más allá de las cuestiones, a fin de ponerlas al alcance de todos;

He aquí un libro impreso y encuadernado; pero ¿y el tipógrafo?, ¿y el aprendiz de la imprenta?

He aquí fotografías admirables; pero ¿y vuestra mujer o vuestro amigo, opreso entre vuestros brazos?

He aquí una negra nave, acorazada de hierro, con sus potentes cañones sobres sus torrencillas; pero

¿y el coraje del capitán y de los mecánicos?

He aquí las casas con las mesas puestas de sus comedores en la hora de la comida; pero ¿y el señor y la señora de la casa, y las miradas que irradian sus ojos?

He aquí el cielo; pero ¿y lo que hay debajo de él, en esta puerta, en la de enfrente y al extremo de la calle?

La historia está llena de santos y de sabios; mas

¿y vosotros?

Está llena de sermones, de credos, de teologías; mas

¿y el insondable cerebro humano?

Y finalmente,

¿qué es la razón?

¿qué es el amor?

¿qué es la vida?

Sacerdotes de todos los tiempos, de toda la tierra, yo no os deprecio,

Mi fe es la más vasta y tenue de las fes —es como el fuego de un cometa—, abarca todos los sistemas y las inmensidades zodiacales,

Abarca los cultos antiguos y los modernos y todos los que fueron entre los antiguos y los modernos.

Creo que volveré sobre el haz de la tierra después de pasados cinco mil años.

Espero las respuestas de los oráculos, honro a los dioses, saludo al sol,

Convierto en fetiche la primera roca o el primer tronco que encuentro a mi paso, realizo encantamientos con anillos mágicos;

Ayudo al lama o al brahmán a preparar los lampadarios de sus altares,

Me incorporo a las procesiones fálicas,

o gimnosofistas, trenzando bailes litúrgicos a lo largo de los caminos,

Vivo en la austeridad y en el éxtasis, en medio de los bosques,

Bebo el hidromiel en copas craneanas, admiro los Shastas y los Vedas, reverencio el Corán,

Me paseo en el teokallis manchado con la sangre de los sacrificios, redoblando un tambor hecho con una piel de serpiente;

Acepto los Evangelios, acepto al que fue crucificado, sé, sin duda alguna, que es divino,

Me arrodillo durante la misa, o me levanto para acompañar en la oración de los puritanos, o permanezco frecuentemente sentado en un banco de la Iglesia,

Deliro y espumarajeo en un acceso como de demencia, o espero como muerto a que mi espíritu despierte,

Paseo mis miradas sobre las losas y por el paisaje, o más allá de las losas y del paisaje,

Soy uno de los que avanzan por el círculo de los círculos.

Ha llegado el momento de explicarme.
¡Levantémonos!
Dejo de lado todo lo conocido,
¡Adelante! ¡Hacia lo desconocido! ¡Os proyecto a todos, hombres y mujeres, como piedras de la honda de mi propio yo!

¿El reloj marca la hora? pero ¿qué es lo que marca la Eternidad?
Hasta ahora hemos agotado trillones de inviernos y de veranos,
Todavía nos quedan trillones por agotar, y después de esos, trillones y trillones más.

Los germinales nos han traído riquezas y diversidades,
Otros nacimientos nos traerán nuevas riquezas y diversidades nuevas.

Yo no llamo grande a esto ni pequeño a esto otro,
Lo que llena su período y ocupa su lugar es igual a cualquiera otra cosa.

Soy una cumbre de cosas realizadas y soy el receptáculo de todo lo que será.

A medida que me elevo, los fantasmas se inclinan detrás de mí,
Lejos, muy lejos, en lo más profundo, percibo el enorme vacío primordial, sé que he pasado por él,
Sé que he esperado, permanente e invisible, adormecido
en litúrgicas brumas,

He dado tiempo al tiempo, sin que me dañara el fétido carbono,
Infinidades de infinidades he permanecido latente, estrechamente comprimido, esperando.

Inmensos han sido los preparativos de mi desarrollo,
Fieles y amigos han sido los brazos que me han sostenido.

Ciclos de edades han columpiado mi cuna, remando,
remando siempre como gozosos bateleros;
Las estrellas se han abierto a mi paso, en sus órbitas procesionales,
Han preservado en alumbrarme, velando las latencias de mi porvenir.

Ya existía, antes de nacer en molde humano,
Para que mi embrión se trocara en un ser consciente,
La nebulosa se había cuajado en un orbe:
Los estratos geológicos se apilaron unos sobre otros,
Las generaciones de vegetales, clorofiliaron la atmósfera,
¡Y los saurios monstruosos lo transportaron en sus fauces, depositándolo delicadamente!
Todas las fuerzas han actuado continuamente para mi perfección y mi encanto,
Y ahora estoy aquí, con mi alma potente.

Mi sol tiene su sol, a cuyo alrededor gira dócilmente.
Gira con sus camaradas en un círculo superior,
Y mayores sistemas giran alrededor de astros más grandes que contienen pequeñas manchas;
No hay reposo, no lo habrá jamás:

Si yo, vosotros y los mundos y cuanto existe dentro y sobre ellos quedáramos reducidos a una pálida y fletante neblina, eso no tendría importancia a la larga.
Volveríamos seguramente al estado actual,
¡Iríamos seguramente a las lejanías donde vamos, y después más lejos, siempre más lejos!

Sé que soy superior al tiempo y al espacio, sé que nunca he sido medido y que no lo seré jamás.
Soy el vagabundo de un eterno viaje (¡venid a escucharme todos!)
Me reconoceréis en mi blusa impermeable, en mis recias botas y en mi bastón, cortando en los bosques,
Ninguno de mis amigos se arrellana en mi sillón,
No tengo sillón, ni iglesia, ni filosofía,
No llevo a nadie al hotel, a la biblioteca ni a la Bolsa,
Conduzco a todos, hombres y mujeres, a la cumbre de un montículo,
Allí, enlazando con la mano izquierda el talle de mi acompañante,
Le muestro, con la diestra, paisajes, continentes y la ruta abierta para todos.

Hoy, antes del amanecer, subí una colina y contemplé el estrellado cielo,
Y dije a mi espíritu:
Cuando hayamos abarcado todos los orbes y saboreado el placer y la ciencia de todas las cosas que contienen, ¿nos sentiremos colmados y satisfechos?

Y mi espíritu contestó:
No, habremos alcanzado esas alturas *para sobrepujarlas y continuar nuestra marcha.*

Oigo bien los problemas que me planteáis ahora.

En verdad os digo que no puedo contestaros; vosotros mismos debéis encontrar y daros la respuesta.

Soy el maestro de los atletas.

Aquel que, por mi enseñanza, muestra un pecho más ancho que el mío, prueba la amplitud de mi pecho,

Honra más mi estilo el que estudiándolo aprende a destruir al profesor.

Enseño a los demás a apartarse de mí, y, sin embargo, ¿quién podría apartarse de mí?

En adelante, quienquiera que seáis, seguiré vuestros pasos,

Mis palabras clavarán sus aguijones en vuestras orejas, hasta que las comprendáis.

«El que quiere el retorno vital —dice Kierkegaard— ese es un hombre.»

Y el Zaratustra de Nietzsche agrega: *Si esa ha sido la vida, vivámosla una vez más.*)

Ninguna sala de herméticas ventanas, ninguna escuela como no sea al aire libre, pueden comulgar conmigo, Más fácil que ellos lo consiguen los vagabundos y los niños.

El obrero joven es el más íntimo de mis íntimos, el que mejor me conoce,

El leñador que lleva su hacha y su cántaro también me llevará con él,

El mancebo que trabaja en los campos siente una sensación de bienestar al arrullo de mi voz,

Mis palabras zarpan con los vapores, nostálgicas de todos los mares,

Amo pasar los días con los pescadores y los lobos del mar.

Digo que el alma no es más que el cuerpo,
Digo que el cuerpo no es más que el alma.
Nada, ni el mismo Dios, es más grande para cada cual que su propio ser,
Digo que quienquiera que anda doscientos metros sin simpatía, marcha envuelto en un sudario a sus propios funerales,
Y yo, vosotros, sin tener un céntimo en el bolsillo, podemos adquirir lo más precioso de la tierra,
Y mirar con los ojos u observar una habichuela en su vaina, la cual confunde la ciencia de todos los tiempos,
Digo que no existe oficio ni empleo en cuyo desempeño el que se obstina no pueda convertirse en un héroe,
Mi objeto, por vil o endeble que parezca, que no pueda trocarse en eje de la rueda universal;

Y digo a cualquier hombre, a cualquier mujer:
«¡Que vuestra alma conserve su serenidad, el dominio de sí misma ante un millón de universos!»

Y digo a la humanidad: «No seáis tan curiosos respecto de Dios.
Yo que tengo tantas curiosidades, no tengo ninguna acerca de Él.»
(Ningún lujo verbal podría expresar mi tranquilidad en lo que atañe a Dios y a la muerte.)

Oigo y veo a Dios en cada objeto.

No obstante, confieso mi infinita incomprensión de Dios.

Y lo que comprendo menos todavía, es qué es lo que podría ser más prodigioso que yo mismo.

¿Por qué he de tener deseo de ver a Dios mejor de lo que actualmente le veo?

Veo algo de Dios en cada una de las veinticuatro horas, ¿y actualmente le veo?

Veo algo de Dios en cada una de las veinticuatro horas, y también en cada minuto,

Veo a Dios en el rostro de los hombres y en el de las mujeres, y en los espejos cuando reflejan mi faz,

En las calles y en los campos, por todos lados, encuentro cartas que Dios ha dejado caer.

Cartas firmadas con su nombre y su rúbrica, que dejo donde las hallo, porque sea cual fuere el rumbo de mis pasos, sé que otras y otras llegarán puntualmente hasta mí, por los tiempos de mis tiempos.

En cuanto a ti, ¡oh Muerte! y tú, amargo abrazo de la cambiante materia, es inútil que tratéis de alarmarme.

¡Oh Vida! no ignoro que eres el residuo de incalculables muertos.

(Yo mismo, antes de nacer esta vez, seguramente ya había muerto más de diez mil veces.)

¿Qué murmuráis en las lejanías? ¡Oh estrellas de los cielos!

¡Oh soles!

¡Oh hierbas de las fosas!

¡Oh perpetuas transferencias y desarrollos!
Si vosotros calláis, ¿cómo podría yo decir algo?

Vosotros los que me escucháis, ¿tenéis algo que decirme?
Miradme a la cara en tanto aspiro la fluida caricia del anochecer.
(Habladme sinceramente, nadie nos escucha, no puedo esperar más que un minuto.)

¿Estoy en contradicción conmigo mismo?
De acuerdo, es verdad que me contradigo.
(Soy vasto, contengo multitudes.)

El gavilán desciende como un dardo hasta rozar mis guedejas; me acusa de facundia y de pereza.

Y soy tan montaraz como él, y tan inexplicable;
Hago repercutir mis salvajes ladridos por encima de los tejados del mundo.

Los últimos resplandores del día se ofrecen a mis ojos,
Proyectan mi imagen tras de las otras —tan verdadera como la que más— en el desierto invadido por la sombra,
Me empujan mimosamente hacia la bruna y el crepúsculo.

Me alejo como el aire, sacudo mi cabellera blanca hacia el sol poniente.
Arrojo mi carne a los remolinos, y la dejo aventarse en espumosas fibras.

Me doy al barro para renacer en las hierbas que amo,

Si en adelante queréis volverme a ver, buscadme bajo las suelas de vuestros zapatos.

Nunca sabréis lo que soy ni lo que significo.
Sin embargo, para vosotros yo seré la salud,
Purificaré y fortificaré vuestra sangre.

Si no podéis alcanzarme en seguida, pues no os descorazonéis;
Si no me halláis en un punto, buscadme en otro,
¡Yo estoy en algún lado, esperándoos!

Canto del hacha

I

Arma de forma bella, arma desnuda y pálida, De cabeza extraída de las entrañas de la madre,
Cuya carne es de madera, y el hueso de metal, con tu único miembro de tu labio único.
Tu hoja gris azulosa crecida en la hornaza calentada al rojo, tu mango nacido de una ínfima simiente que se sembró,
Reposas entre la hierba que te rodea,
Arma que se tira, y en la que uno se apoya.

Formas potentes y atributos de formas potentes, oficios, espectáculos y rumores viriles.
Larga serie variada y emblemática, jirones de música,
Dedos de organista mariposeando sobre las teclas del gran órgano.

II

Bienvenidos todos los países, cada uno según su naturaleza:
Bienvenidos los países del pino y de la encima,
Bienvenidos los países del limonero y de la higuera,
Bienvenidos los países del oro,
Bienvenidos los países del trigo y del maíz, bienvenidos los de la uva.
Bienvenidos los países del azúcar, y del arroz,
Bienvenidos los países del algodón, los de la papa blanca y de la batata,
Bienvenidas las montañas, las pampas, los arenales, las selvas, las praderas,

Bienvenidas las tierras fértiles, que bordean los ríos, las planicies, las brechas,

Bienvenidos los partizales desmesurados, bienvenidos la tierra fecunda de los vergeles, el lino, la miel, y el cáñamo,

Pero tan bienvenidos sean los demás países de dura faz,

Tan ricos como los países del oro, del trigo y de los frutos,

Países de minas, países de rudos y viriles minerales,

Países de la hulla, del cobre, del plomo, del estaño y del cinc.

Países del hierro, países de la materia de que es hecha el hacha.

III

Junto a la pila de madera hay una bola contra la cual está apoyada el hacha.

A su lado se eleva la choza silvestre: una viña trepa por encima de la puerta, un pequeño espacio ha sido talado para trocarlo en jardín,

El golpeteo irregular de la lluvia sobre las hojas, se ha apaciguado después de la tempestad.

Una lamentación gemebunda se deja oír por intervalos recordando la del mar;

Piensan en naves cogidas por la tempestad, tumbadas de costado, con sus mástiles rotos,

Se recuerdan las enormes vigas de haciendas de otros tiempos,

Las imágenes y las narraciones que describen las travesías aventureras de hombres, de familias y de bienes,

Se imagina su desembarque, la fundación de nuevas colonias,

La navegación de los que buscaron una nueva Inglaterra y la descubrieron; sus comienzos,

Los establecimientos de Arkansas, del Colorado, de Ottawa, de Willamette,

Los lentos progresos, la carne flaca, el hacha, la carabina, la bolsa de cuero para las travesías a caballo;

Y luego la belleza de todos los seres aventureros y audaces,

La belleza de los montaraces y de los leñadores con sus claros rostros incultos,

La belleza de la independencia, de la partida, de las acciones que no se apoyan más que en ellas mismas,

El desdén del americano por los decretos y las ceremonias, la impaciencia ilimitada ante toda coerción,

La libre tendencia del carácter, el relámpago a través de los tipos tomados al azar, la solidificación;

El carnicero en el matadero, los hombres a bordo de las goletas, el almadiero, el pioner,

Los leñadores en sus cuarteles de invierno, el alba en los bosques, los ribetes de nieve en las ramas de los árboles, y de tanto en tanto el ruido seco de un crujimiento;

Vuestra propia voz que suena clara y gozosa, la alegre canción, la vida natural en los bosques, el fuerte trabajo de cada jornada;

El fuego que llamea al anochecer, el gusto delicioso de la comida, la conversación, la cama hecha con ramas de pino, y la piel de oso.

El empresario de construcciones trabajando en las ciudades o en cualquier lado,

El trabajo preparatorio del garlopaje, de la escuadría, del aserramiento, del amojonamiento;

El montaje de las vigas que se colocan en su sitio, posándolas regularmente,

El ajustamiento de las grandes vigas, en las entalladuras, según el modo con que fueron preparadas,

Los martillazos, las actitudes de los obreros, las flexiones de sus miembros;

Inclinados, de pie, a horcajadas en las vigas, claveteando, agarrados a los postes y a los tirantes,

Sosteniéndose con un brazo mientras el otro maneja el hacha,

Los entarimadores que ajustan las maderas del piso para clavetearlas después,

Sus aposturas, al abatir de arriba abajo sus armas contra las planchas,

Los ecos de sus golpes retumbando en el edificio vacío.

El enorme almacén que construyen en la ciudad y que ya está muy adelantado,

Los seis carpinteros, dos en medio y dos en cada extremidad, llevando con precaución sobre sus espaldas un gran trozo de madera que servirá de travesaño;

Los equipos enfilados de albañiles con la llana en la diestra, elevando rápidamente el largo muro que ya mide sesenta metros desde la fachada al fondo.

Sus espaldas que suben y bajan con agilidad, el continuo chischás de las llanas sobre los ladrillos,

Los ladrillos, asentados unos tras otros con una destreza tan segura, y fijados con un golpe de mango de la llana,

Las pilas de materiales, el mortero, las mezclas de cal y arena continuamente batidas por los operarios;

Los obreros que hacen los mástiles en los astilleros, en enjambre de los aprendices, ya hombres hechos,

El vaivén balanceado de sus hachas para tallar el cuadrado trozo de madera y redondearlo en forma de mástil,

El breve y seco crujido de acero, entablando al sesgo el pino,

Los copos, de color manteca, que vuelan en grandes astillas o en cintas,

El movimiento flexible de los brazos jóvenes y musculosos y de las caderas dentro de las blusas,

El constructor de muelles, de puentes, de escolleras, de diques, de almadías, de rompeolas,

El bombero de las ciudades, el incendio que estalla de pronto en el barrio más poblado,

La llegada de las bombas, los gritos roncos, los hombres que avanzan rápidos y osados.

El vigoroso mandato transmitido por clarines, el desplegamiento en línea de carga, los brazos que suben y bajan para traer el agua,

Los chorros finos, espasmódicos, de un blanco azuloso, la colocación de los ganchos y de las escaleras con sus accesorios,

El estrépito de las paredes que se minan y de los techos que se derrumban si el fuego arde debajo,

Los rostros iluminados de la multitud que observa, la claridad violenta y las sombras espesas.

El forjador en su forja y el que usa el hierro después de él;

El que fabrica el hacha grande o pequeña, el que la suelda y el que la templa,

El que sopla sobre el acero frío y prueba su filo pasándolo por el pulgar,

El que da forma al mango y la fija sólidamente en su engarce;

Las siluetas procesionales de los que se han servido de ella en el pasado;
Los artistas primitivos y pacientes, los arquitectos y los ingenieros,
El edificio asirio y el edificio de Mizra perdidos en las lejanías,
Los lictores romanos precediendo a los cónsules,
El antiguo guerrero de Europa con su hacha, en los combates,
El arma enhiesta, los hachazos que resuenan sobre el casco que cubre la cabeza del enemigo;
El alarido de muerte, el cuerpo de pronto ablandado que se desploma, el amigo y el enemigo que se precipitan,
Los vasallos insurreccionados que se aprestan al asedio resueltos a conquistar sus libertades,
La fortaleza intimada a rendirse, la puerta asaltada, la truega y el parlamento.

El saqueo de una ciudad antigua,
Todos los mercenarios y los partidarios que se precipitan furiosamente en el desorden,
Rugidos, llamas, sangre, borracheras, locura delirante,
El pillaje de los tesoros en las casas y en los templos, los gritos de las mujeres abrazadas por los bandidos,
Las pillerías y las depredaciones de los que marchan detrás de los ejércitos, los hombres que corren, los ancianos que se lamentan,
La guerra infernal, las crueldades de la fe,
La lista de todos los hechos y de todas las palabras, justas o injustas, prohibidas bajo pena de muerte,
El poder de la personalidad justa o injusta.

¡Músculo y corazón para siempre!
Lo que vigoriza la vida vigoriza la muerte,
Y los muertos progresan tanto como progresan los vivos,
Y el porvenir no es más cierto que el presente;
Pues la rudeza de la tierra y del hombre contiene tanto como la delicadeza de la tierra y del hombre,
Y nada perdura excepto las cualidades del individuo.

¿Qué es, entonces, lo que vosotros creéis que perdura?
¿Creéis que una gran ciudad subsiste?
¿O un estado manufacturero desbordante de productos?
¿O una constitución elaborada?
¿O los vapores más sólidamente construidos?
¿O los hoteles de granito y de hierro?
¿O no importa qué obras maestras hechas por ingenieros?
¿O los fuertes, o los armamentos?

¡Quitad de ahí!
Todas esas cosas no deben ser amadas por sí mismas,
Ellas llenan un momento; por ellas es que bailan los danzantes
Y por ellas los músicos ejecutan;
El cortejo pasa, todo eso entretiene y satisface seguramente,
Todo eso resulta negocio y ganancia, hasta que irradia un relámpago de desafío.

Una gran ciudad es la que posee los hombres y las mujeres más grandes,

Aunque no poseyera más que algunas chozas miserables, aun sería la más grande de las ciudades del mundo.

El lugar donde se eleva una gran ciudad no es aquel que posee extensos muelles, almacenes de carga y descarga, manufacturas y pirámides de productos,

Ni el lugar donde incesantemente se saluda nuevos forasteros, ni donde se llevan anhelos para los que parten,

Ni el lugar de los más altos y regios edificios, y de los comercios en los que se trafica con los productos de todas las demás partes del mundo,

Ni el lugar de las mejores escuelas y mejores bibliotecas, ni el lugar donde el dinero abunda más,

Ni el lugar donde la población es más numerosa.

Allí donde se levanta la ciudad que posee la raza más musculosa de bardos y de oradores,

Allí donde se eleva la unidad que es adorada por ellos, y que en gratitud los adora y los comprende,

Allí donde no existe monumento alguno erigido a los héroes si no en las palabras y en los actos de la comunidad,

Allí donde la economía ocupa su lugar y la prudencia el suyo,

Allí donde los hombres y las mujeres dan poca importancia a las leyes,

Allí donde la esclavitud desaparece, y el amo de esclavos desaparece,

Allí donde el pueblo valeroso y digno se subleva instantáneamente contra la imprudencia eterna de los elegidos,

Allí donde hombres y mujeres se abalanzan a ellos,

Como el océano, al silbido de la muerte misma, desencadena sus olas impetuosas,

Allí donde la autoridad exterior nunca entra más que precedida por la autoridad interna,

Allí donde el ciudadano es siempre la cumbre y el ideal, donde el presidente, donde el alcalde, el gobernador y sus secuelas son agentes asalariados,

Allí donde a los niños se les enseña a ser ellos mismos su propia ley, a no contar más que con sus solas fuerzas,

Allí donde la igualdad de alma impera en los negocios,

Allí donde las especulaciones espirituales son estimuladas,

Allí donde las mujeres andan por las calles en procesiones públicas al igual de los hombres;

Allí donde se eleva la ciudad de los amigos más fieles,

Allí donde se eleva la ciudad de la fuerza de los sexos,

Allí donde se eleva la ciudad de los padres más sanos,

Allí donde se eleva la ciudad de las madres de cuerpos más bellos,

¡Allí se levanta la Gran Ciudad!

¡Cuán miserables resultan los argumentos frente a un gesto de desafío!

¡De qué modo el florecimiento material de las ciudades se encoge ante la mirada de un hombre o de una mujer!

Todo aguarda o se descalabra hasta que aparece un ser fuerte;

Un ser fuerte es la prueba de la raza y de las posibilidades del Universo,
Hombre o mujer, cuando aparece,
las materialidades se estremecen de respetuoso temor,
Cesan las disputas sobre el alma,
Las viejas costumbres y las formulas viejas son confrontadas para renovarlas o abandonarlas.

¿Qué objeto tiene ahora vuestra búsqueda del dinero?
¿Para qué os podría servir ahora?
¿Qué significa vuestra respetabilidad?
¿Qué valen —ahora— vuestra teología, vuestra enseñanza, vuestra sociedad, vuestras tradiciones, vuestros códigos?
¿Dónde están —ahora— las argucias respecto del alma?

Un estéril paisaje recubre el mineral; no lo hay más rico a despecho de su mísera apariencia;
He aquí la mina, he aquí los mineros,
He aquí el fuego de la forja, la licuación se opera, los forjadores están en sus puestos con sus tenazas y sus martillos,
Lo que siempre ha servido y sirve siempre, el hierro, está pronto.

Nada ha servido más útilmente que el hierro: ha servido a todos.
Ha servido a los griegos, de lengua elegante e inteligencia sutil,
Y antes de los griegos ha servido para construir edificios que han durado más que todos,

Ha servido a los hebreos, a los persas, a los hindús de los tiempos más remotos,

Ha servido a los que construyeron chozas de tierra en los bordes de Mississipi, ha servido a aquellos cuyos restos reposan en la América Central,

Ha servido a los templos bretones levantados en los bosques, sobre las llanuras, con sus pilares sin desbastar, y a los druidas,

Ha servido a las hendiduras artificiales, vastas, altas, silenciosas, que se ven en las nivosas colinas de Escandinavia,

Ha servido a los que, en tiempos imposibles de conjeturar, grabaron sobre muros de piedra esbozos del sol, de la luna, de las estrellas, de las naves, de las ondas del Océano,

Ha servido para abrir las rutas por donde irrumpieron los godos, ha servido a las tribus pastorales y a las nómadas.

Ha servido a los lejanos celtas, ha servido a los osados piratas del Báltico,

Ha servido antes que a todos a los hombres venerables e inocentes de la Etiopia.

Ha servido para fabricar los timones de las galeras de placer y los de las galeras de combate,

Ha servido para todas las grandes obras de la tierra y para todas las grandes obras del mar,

Ha servido en los siglos medioevales y antes de los siglos de la Edad Media.

No sólo ha servido para los vivos, entonces como ahora, también ha servido para los muertos.

Veo al verdugo de Europa,

Se yergue enmascarado, vestido de rojo, con sus piernas enormes y fuertes brazos desnudos,
Y se apoya sobre una pesada hacha.

(¿Cuál es el último de los que habéis hendido, verdugo de Europa?
¿De quién es esa sangre que os moja y os pringa tanto?)

Veo el claro poniente de los mártires,
Veo descender los fantasmas de los cadalsos,
Fantasmas de señores difuntos, de soberanos descoronados, de ministros acusados, de reyes caídos,
Rivales, traidores, envenenadores, infieles, jefes deshonrados, y otros más.

Veo a los que, en todos los países, han muerto por la buena causa,
Rara es su simiente; sin embargo, la cosecha no segará jamás.
(¡Guay de vosotros, oh reyes extranjeros, oh clérigos! La cosecha no se perderá jamás, yo os lo aseguro.)

Veo el hacha completamente lavada de la sangre que la cubría.
El hierro y la mancha están purificados,
No hacen correr más la sangre de los nobles de Europa, no tronchan más los cuellos de las reinas.

Veo al verdugo que se retira por inútil.
Veo el cadalso desierto y enmohecido, no veo más al hacha junto al tajo,

Veo, enorme y amistoso, el emblema de la potencia de mi raza, la más grande de las razas.

(¡América! No me jacto de mi amor por ti,
Tengo lo que tengo.)

¡El hacha rebota! La compacta selva tiembla de resonancias fluidas,
Ruedan y se prolongan, se elevan y cobran formas:
Choza, tienda, embarcadero, jalones,
Balancín, carreta, pico, tenazas, alfajía,
Balaustrada, horquilla, artesón, palote, paleta de locero, tablero mural, rueda dentada,
Ciudadela, cielorraso, café, academia, órgano, sala de exposición, biblioteca,
Cornisa, celosía, pilastra, balcón, ventana, torrecilla, pórtico,
Azada, rastrillo, horquilla, lápiz, carruaje, bastón, sierra, garlopa, mazo de madera, cala, mango de prensa,
Silla, cuba, esfera, mesa, ventanilla, ala de molino, marco, piso,
Caja, cofre, instrumento de cuerda, navío, armadura de edificio y todo lo demás,
Capitolio de los Estados y Capitolio de la nación hecha de Estados,
Largas, imponentes ringleras de altos edificios flanqueando las avenidas,
Hospicios para huérfanos, para pobres, para enfermos,
Vapores y veleros de Manhattan, peregrinos de todos los mares.

¡Las formas se alzan!

Formas de todas las cosas para las cuales sirve el hacha, y de los que se sirven de ella y de cuanto les rodea,

Los que talan los bosques y los que arrastran sus despojos hasta Penobscoto Kennebec,

Los que habitan en cabañas en medio de las montañas de California o junto a los pequeños lagos o en el Columbia,

Los que habitan al Sur, en las riberas del Gila, del Río Grande, las reuniones cordiales, los tipos y las diversiones.

Los que habitan a lo largo del San Lorenzo, o al Norte, en el Canadá, o en los parajes mismos del Fellwostone, los que habitan en las costas y a lo largo de las costas;

Pescadores de focas, balleneros, marinos de las regiones árticas acostumbrados a abrirse paso entre los témpanos.

¡Las formas se alzan!

Formas de manufacturas, de arsenales, de fundiciones, de mercados,

Formas de durmientes, de rieles unánimes,

Formas de travesaños de puentes, de vastas armaduras, de vigas, de arcos,

Formas de flotillas de chalanas, formas de remolcadores, de barcos hendiendo canales, lagos y ríos,

Los astilleros navales, las dársenas, a lo largo de los mares del Levante y del Poniente, y tantas bahías y zonas retiradas,

Las carlingas de roble, las bordas de pino, la raíz de alerce para las curvas,

Los barcos mismos sobre sus cascos, las hileras de andamios, los obreros trabajando dentro y fuera del casco,

Sus herramientas esparcidas por todos lados, el ancho taladro, la barrenilla, la azuela, los pernos, el cordel, la escuadra, el escoplo, el cepillo de carpintero.

¡Las formas se alzan!
La forma que se mide, asierra, cepilla, junta, pinta,
La forma del féretro en el que la muerte será acostada con su sudario,
La forma que se ha destacado en columnas, en columnas de cama, en las columnas del techo de la desposada,
La forma de la pequeña pila, la forma de la báscula, la forma de la cuna del infante,
La forma del piso de la casa familiar donde conviven cordialmente los padres y los hijos,
La formas del techo de la mansión donde habitan el hombre y la mujer, jóvenes y felices, el techo que recubre la pareja recién desposada,
El techo que resguarda la comida gozosamente preparada por la casta esposa, y gustada gozosamente por el esposo casto, con la alegría de haber concluido bien la jornada.

¡Las formas se alzan!
La forma del lugar en que se halla de pie el prisionero, en la sala del tribunal, y de los que están sentados,
La forma del mostrador del bar sobre la que se apoyan el joven alcoholista y el borracho viejo,
La forma de la escalera vergonzosa e irritada al contacto de los pies que se esquivan bajamente,
La forma del silencioso canapé donde se ha ocultado la miseria de la pareja adúltera,
La forma de la mesa de juego, con sus ganancias y sus pérdidas diabólicas,

La forma de la tarima junto a la horca, para el asesino ya juzgado y condenado, y el asesino que sube a ella, con el rostro huraño y los brazos liados,

La autoridad a un lado en compañía de sus asesores, al otro lado la multitud silenciosa, pálida de contenida emoción, y la cuerda que se balancea.

¡Las formas se alzan!

Formas de puertas dando paso franco a todas las entradas y las salidas,

La puerta que abre y cierra tras sí, apresurada y palpintando al amigo, largo tiempo separado del amigo,

La puerta que deja pasar la buena o la mala nueva,

La puerta por donde el hijo abandonó la casa lleno de confianza en sí,

La puerta por la que entró, después de una larga y escandalosa ausencia, enfermo, consumido, despojado de su pureza y sus recursos.

La forma se alza por sí misma, el alma está menos protegida que nunca; sin embargo, más protegida que nunca,

Las ordinarieces y las manchas entre las cuales se mueve no la tornan grosera ni sucia,

Cuando pasa conoce los pensamientos, nada le queda oculto,

Por ello no es menos previsora ni menos amistosa,

Es la más amada, sin excepción, no tiene por qué temer ni nada teme,

Los juramentos, las disputas, las canciones entrecortadas de hipos, las palabras injuriosas no la ofenden ni las oye, cuando ella pasa,

Ella es silenciosa, está llena de sí misma, nada de ello le ofende,
Acepta eso como lo aceptan las leyes de la Naturaleza, ella es fuerte,
También ella es una ley de la Naturaleza, y no hay ley más poderosa que ella.

¡Las formas capitales se levantan!
Formas de la total Democracia y coronamiento de los siglos,
Formas eternamente proyectadas de otras formas,
Formas de ciudades viriles y violentas,
Formas de amigos y constructores de hogares alrededor de la tierra,
¡Formas que abarcan la tierra y abarcadas por toda la Tierra!

Mira, tú que reinas victoriosa

Ahora que reinas victoriosa sobre las cumbres,
Desde las cuales contemplas, con poderosa frente, el mundo
(El mundo, ¡oh Libertad! que inútilmente conspirara contra ti),
El mundo, cuyos innumerables sitios y asaltos resistieras;
Ahora que culminas, dorada por el sol deslumbrador,
Ahora que avanzas con augustos pasos, sana, suave, fuerte y floreciente,
En estas horas supremas para ti, Mira lo que te ofrezco:
No es un poema de continental orgullo, ni un himno extasiado y triunfal,
Te traigo un búcaro de estrofas, conteniendo las tinieblas nocturnas y las llagas arrasadas de sangre.
Y los salmos de los muertos.

A un burgués

¿Qué es lo que pretendéis de mí? ¿Queréis versos acaramelados?

Buscáis en mi obra las lánguidas y plácidas estrofas caras a los burgueses?

¿Os ha parecido tan difícil seguirme hasta aquí?

Pues bien: habéis de saber que no he cantado hasta ahora ni cantaré jamás de modo que podáis seguirme y comprenderme

(Yo he nacido de los mismos elementos que han engendrado la guerra; para mí el redoble de los tambores es una música inefable, adoro el himno fúnebre y marcial,

Que acompaña con su lenta lamentación y sus convulsivos sollozos los funerales del oficial);

¿Qué significa, en suma, para un hombre como vos, un poeta como yo? Dejad, dejad mis cantos:

Id a que os arrullen con lo que podéis comprender: aires de baile y tonadillas de piano:

Yo no arrullo ni columpio a nadie, por lo mismo no podréis comprenderme jamás.

Año que tiemblas y vacilas ante mí

¡Año que tiemblas y vacilas ante mí! El viento de tu estío fue bastante cálido; sin embargo, el aire que respirábamos me pareció de hielo,

Una densa sombra se interpuso entre el sol y yo para entenebrecerme;

¿Tendré que trocar mis triunfantes cantos? me dije a mí mismo.

¿Tendré que aprender a cantar los fríos himnos fúnebres de *Los vencidos*?

¿Y los salmos sombríos de la derrota?

Canto del Poeta

Escuchad, pues, mi romanza matinal, levanto los signos del Poeta:

Voy cantando de sol a sol por las granjas y las ciudades que se encuentran a mi paso.

Un joven se me aproxima, trayéndome un mensaje de su hermano.

¿Cómo es posible que este joven conozca el *sí* y el *cuándo* de su hermano?

Decidle que me mande los sinos que lo caracterizan.

Y me pongo frente a frente del joven, y cojo su diestra en mi siniestra y su siniestra en mi diestra,

Y respondo por su hermano y por todos los hombres, y por el que contesta por todos —el Poeta—, y envío estos augurios:

Él es el que todos esperan, él es el que todos acatan,

Su palabra es decisiva y final,

Él es el que aceptan, aquel en quien todos se bañan y en quien se vislumbran como envueltos en luz;

Él se sumerge en ellos como ellos se sumergen en él.

Las mujeres admirables, las más soberbias naciones, las leyes, los paisajes, las gentes, los animales,

La profunda tierra y sus atributos, lo mismo que el Océano y sus remolinos

(así publico mi romanza matinal),

Todos los goces y los bienes, y el dinero y cuanto se adquiere con dinero, él lo posee,

Las mejores granjas, granjas que otros abonan y siembran penosamente, es él quien las cosecha;

Las ciudades más imponentes y lujosas que otros proyectan y edifican, él es quien las habita;

Nada hay para nadie más que para él, toda cosa próxima o lejana es para él;

Los vapores distantes, los espectáculos y los cortejos que pasan por la tierra perpetuamente, si son para alguien, son para él.

Establece las cosas en sus actitudes,

Con amor y plasticidad hace amanecer el día dentro de sí,

Fija el tiempo, los recuerdos, los parientes, los hermanos, las hermanas, el ambiente, los oficios, la política, de tal suerte que los demás ya no puedan envilecerlas ni dominarlas.

Él es el Contestador;

A todo lo que puede contestarse, contesta; a lo que no puede contestar, enseña cómo no puede contestarse.

Un hombre es una intimación, un desafío.

(En vano trataríais de esquivaros; ¿no oís sus burlas y sus risas?

¿No oís sus crónicos ecos?)

Libros, amistades, filosofías, sacerdotes, acción, placer, orgullo, van y vienen en todos sentidos

esforzándose en satisfacernos,

Él es el que enseña en qué consiste y dónde se halla la satisfacción, el que enseña lo que va y viene en todo sentido.

Cualquiera que sea el sexo, la estación o el lugar, puede ir fresco, dulce, sin miedo, hacia los hombres, tanto de día como de noche,

Posee el salvoconducto de los corazones, y la respuesta que anhelan las manos ansiosas asidas al aldabón de las puertas.

Es el universal bienvenido, el gran río de la belleza no es mejor acogido en parte alguna, ni más universal que él,

Es el que alegra el día
y el que bendice la noche.

Toda existencia tiene su idioma, todas las cosas tienen su idioma y su lenguaje,

Él resuelve todas las lenguas en la suya, y la entrega a los hombres; cualquier hombre puede traducirla y traducirse igualmente;

Una parte no contradice la otra, él ve cómo se concilian, es el conciliador.

El día de recepción en casa del Presidente, le dice con serenidad:

¿Cómo está usted, amigo?

Y al paria encorvado sobre su hoz en las plantaciones de cañas de azúcar, le dice:

Buen día, hermano;

Y ambos lo comprenden y saben que habla como debe hablar,

Se pasea con perfecta desenvoltura por el Capitolio,

Circula entre los miembros de Congreso, y un diputado dice a otro:

Ved aparecer a nuestro igual.

Los artesanos lo consideran artesano,

Los soldados presumen que es un soldado, los marinos creen que ha hecho vida de mar,

Los escritores lo toman por un escritor,

Los artistas, por un artista,

Los leñadores reconocen que podría ser uno de los suyos;

Cualquiera que sea la obra, es él quien debe realizarla o el que ya la ha realizado,

Cualquier que fuera la nación, podría encontrar en ella hermanos y hermanas.

Los ingleses creen que su origen es inglés,

Los judíos opinan que es judío, los rusos que es ruso, todos lo tienen por allegado, ninguno por extranjero.

En el café lleno de viajeros, si mira a alguien, éste lo considera de los suyos,

Italianos y franceses, alemanes, españoles e insulares cubanos, cada uno de ellos lo juzga compatriota suyo;

El mecánico, el marinero, sean de los grandes lagos o del Mississipí, del San Lorenzo o del Sacramento, del Hudson o del estrecho de Paumanok, lo creen de su oficio y de su región.

El gentilhombre de pura sangre reconoce su sangre perfecta,
El blasfemo, la ramera, el furioso, el mendigo, se reconocen en sus maneras cuando él da en imitarlos;
Ennoblece sus personas, transfigura sus abyecciones.

Medito en las indicaciones
y en las concordancias del tiempo;
Entre los filósofos, la maestría se mide según la potencia de la salud, el más sano es el más sabio,
maestro de maestros.
El tiempo avanza siempre
dando lugar a nuevas formas,
Lo que revela al Poeta,
es el grupo de entusiastas cantores
que le rodea,
Las palabras de los cantores son las horas o los minutos de la luz y de la sombra, pero las palabras del creador de poemas son la totalidad de la sombra y de la luz;
El creador de poemas establece la justicia, la realidad, la inmortalidad;
Su hímnica visión y su poderío, abarcan todas las cosas y las razas humanas.
Constituye la gloria y la esencia de las cosas y de las razas.

Los cantores no crean,
sólo el poeta es creador,
Los cantores son acogidos con agrado, ellos son comprendidos en seguida,
aparecen con frecuencia;

Raro es el día y más raro aún el lugar en que nace el creador de poemas,

el Contestador;

A pesar de todos sus nombres insignes, semejante día no amanece en cada siglo ni en cada período de cinco siglos.

Los cantores de los momentos sucesivos de los siglos suelen poseer nombres ilustres, pero el de cada uno de ellos es un nombre de cantor;

Cantor de los ojos,
cantor de las orejas,
cantor de las cabezas,
cantor de las elegancias,
cantor de las noches,
cantor de los salones,
cantor de amores,
cantor de fantasías
y de otras cosas.

Entretanto, como en todos los tiempos, las palabras de los verdaderos poemas permanecen inexpresadas,

Las palabras de los verdaderos poemas trascienden la distracción y el agrado de los auditorios;

Los poetas verdaderos no son los esclavos de la belleza,

Son los reyes augustos de la belleza;

Su verbo acuña las tres grandezas, la de los hijos, la de los padres y la de las madres;

Las palabras de sus poemas son el coronamiento de los heroísmos, el jubileo de la ciencia.

Instinto divino, amplitud de visión, salud, potencia corporal, aislamientos, razón legisladora,
Alegría, bochorno, solaz, pureza atmosférica, tales son algunas de las palabras de sus poemas.

En el creador de poemas, en el Contestador, existen subyacentes
el marino, el viajero, el constructor,
el geómetra, el químico, el anatomista,
el psicólogo y el artista;
todas estas variedades típicas
existen subyacentes en el creador de poemas, en el Contestador.

Las palabras de los verdaderos poemas os dan más que muchos poemas,
Os brindan elementos para que vosotros mismos concibáis poemas, religiones, política, guerra, paz, conducta, historia, ensayos, vida cotidiana y lo demás;
Equilibran las jerarquías, los colores, las razas, los credos y los sexos,
No se esfuerzan por alcanzar la belleza, es ésta la que se esfuerza en merecerlos,
Nostalgia de sus palabras, languideciente de amor, la belleza sigue sus huellas gozosa y apresurada.

A pesar de preparar para la muerte, no son una conclusión, sino un comienzo,

A nadie conducen a término alguno, no lo dejan en un estado de satisfacción y de plenitud;

Aquel de quien se apoderan lo arrebatan con ellos al abismo para contemplar la eclosión de los astros, para revelarle el mundo de las significaciones,

Para volar con absoluta fe, para recorrer los infinitos círculos y arrojar para siempre, como sidéreos lastres, todas las formas de quietud.

Inscripción para una tumba

Á Gorge Peabody, que legó diez y siete millones y medio de dólarEs para diversas fundaciones; muerto en 1870.

¿Qué podremos cantar en loor del que yace acostado en esta tumba?
¿Qué tabletas, qué epitafio suspenderemos debajo de tu nombre, oh millonario?
Ignoramos la vida que has vivido, Fuera de los años que has pasado traficando, mezclado con corredores y agiotistas, Lejos del heroísmo de la guerra y de la gloria.

Silenciosa mi alma,
Con las pupilas bajas, meditaba en una suerte de espera,
Apartándose de todos los modelos de heroísmo y de todos los monumentos de los héroes.

Entonces, a través de las perspectivas interiores,
Surgieron en una fantasmagoría (como las auroras boreales en la noche)
Cuadros fugaces como la llama, escenas incorpóreas, visiones proféticas y espirituales.

En uno de ellos aparecía en una calle de una ciudad el alojamiento de un obrero;
Era al anochecer, la vivienda resplandecía de limpieza, los picos de gas ardían en la pureza del aire;
Se veía la alfombra pulcramente barrida y el fuego en la cocina ardiendo alegremente,

En otra vivienda se realizaba el sagrado drama del alumbramiento,
Una madre venturosa alumbraba felizmente un niño perfecto.

En aquélla, alrededor de un abundante desayuno,
Estaban sentados... un plácido matrimonio en compañía de sus hijos.

En otra visión, eran procesiones de niños, de a dos, de a tres,
Encaminándose por distintas calles y caminos y senderos, Hacia una escuela rematada por una gran cúpula.

En otra, un trio admirable: Una abuela, con su hija y su nieta, unidas tanto por el cariño como por la sangre, estaban sentadas: conversando y cosiendo.

En otra, en una sucesión de imponentes salas,
Forradas de libros, de revistas, de diarios, de cuadros y de objetos de arte,
Grupos de estudiantes, de obreros jóvenes y ancianos, de modales honestos y cordiales,
Leían o conversaban

Así fueron desfilando ante mí todos los espectáculos de la vida obrera:
Los de las ciudades y los de los campos, los de las mujeres, los de los hombres y los de los niños,

Sus necesidades satisfechas, matizadas de sol, y de alegría; Los matrimonios, las calles, las manufacturas, las granjas, las casas y las habitaciones amuebladas,
El trabajo y la fatiga, el baño, el gimnasio, los patios de recreo, las bibliotecas, los colegios,
El escolar, niño o niña, en marcha hacia la instrucción,
Los cuidados prodigados a los enfermos; calzado para los descalzos, padres para los huérfanos,
Alimentos para los hambrientos, techo y cama y afecto para los desamparados.
(Intenciones perfectas y divinas cuya realización detallada correspondería a la humanidad.)

Hombre que yaces en esta tumba, Por ti nacieron en mi mente esas escenas;
Bienhechor prodigioso, que igualas a la tierra en munificencia y en amplitud,
Cuyo nombre es como un continente con montañas, con fértiles llanuras y corrientes de aguas.

No sólo a orillas de nuestras ondas, ¡oh ríos! debe perdurar su nombre
No sólo entre tus riberas, ¡oh Connecticut!
Ni entre las tuyas, viejo Támesis, con toda la vida que hormiguea en ellas.

Ni por las tuyas, Potomac, que riegas la tierra que hollara Washington, ni por las tuyas, Patapsco,
Ni por las del Hudson, ni por las del interminable Mississippi;

No sólo entre vuestras riberas debe perdurar su nombre,
Sino más allá de los océanos, hasta donde mi inspiración proyecta su memoria.

SEGUNDA PARTE

Canto de la Exposición

(¡Ah, qué poco caso se hace del que trabaja!
Pero, su labor lo aproxima, en secreto, a dios:
A él, el amoroso obrero a través del espacio y del tiempo; a él, que no necesariamente es como dice una religión u otra; a él, que es un misterio)

Después de todo, no se trata de crear ni de fundar solamente,
Se trata de acarrear de muy lejos lo que ya fuera hallado,
De imprimirle nuestro carácter, nuestra propia personalidad ilimitada y libre.
De infundir una llama religiosa y vital en la materia turbia y grosera,
De obedecer, lo mismo que de mandar, de seguir más bien que guiar.
De no rechazar ni destruir, sino fundar, aceptar y rehabilitar;
Tal es lo que enseña el Nuevo Mundo,
Aunque todavía sea muy poca cosa el Nuevo, y más grande, ¡Oh, cuánto más grande y más antiguo el Viejo Mundo!

De largo tiempo atrás la hierba ha crecido,
De largo tiempo atrás la lluvia ha venido cayendo,

De largo, muy largo tiempo atrás, el globo terráqueo está girando.

¡Ven, oh musa!, emigra de Grecia y de Jonia;
Deja tus añejas rapsodias excesivamente admiradas,
Da al olvido la historia de Troya, la cólera de Aquiles, los afanes de Eneas y los viajes de Ulises.
Pon "*Se alquila, por mudanza*" en las rocas de tu nevado Parnaso,
Haz lo propio en Jerusalén sobre la puerta de Jaffa y en el monte Moriak,
Pon "*Se alquila*" en los muros de los castillos de Alemania, de Francia, de España, y en los Museos de Italia:
Y vente al más vasto, activo y nuevo de tus dominios: un grande y virgen imperio... te espera y te llama.

Respondiendo a nuestro anhelo, O más bien a un deseo largo tiempo incubado, Unido a una natural e irresistible gravitación,
¡Hela aquí, que viene! Oigo el frou-frou de su falda,
Respiro la deliciosa y adorada fragancia de sus hálitos, Admiro su andar divino, sus ojos curiosos abarcando la inmensidad de esta escena.

¡Ella, la Reina de las Reinas! ¿Será posible que tus templos antiguos, tus clásicas esculturas no hayan podido retenerte?
Que ni las sombras de Virgilio y de Dante, ni las miríadas de recuerdos, de poemas, de amadas compañías de antaño hayan podido magnetizarte y suspender tus pasos,
Que Ella lo haya abandonado todo y ahora esté aquí.

Permitidme ¡oh amigos! que os lo diga: Yo la veo claramente aunque vosotros no la percibáis, Es el mismo espíritu inmortal de la tierra,

La encarnación de la actividad, de la belleza, del heroísmo, Que habiendo agotado la serie de sus temas primitivos Viene hacia nosotros impulsada por todas sus evoluciones;

Sus temas antiquísimos sirven de ornamento de sus temas actuales:

Ya se ha extinguido; sepultada en los tiempos su voz que cantaba sobre la fuente de Castalia.

¡Oh, la tierra! ¡Oh, la tierra!

Mudos yacen los carcomidos labios de la Esfinge de Edipo, silenciosas todas aquellas seculares ininteligibles tumbas.

Acabaron para siempre las epopeyas de Asia, desaparecieron los guerreros de Europa y el canto primitivo de las musas,

Enmudeció para siempre la inspiración de Calíope, muertas se van Clío, Melpómene, Talía;

Ya no resuena el gallardo ritmo de Una y de Oriana, concluida está la búsqueda del Santo Grial;

Jerusalén es sólo un puñado de cenizas arrojadas al viento (...dispersas cenizas).

Las marejadas guerreras de los cruzados son como fantasmas de media noche que se desvanecen antes del alba;

Amadís, Tancredo, han desaparecido, Carlomagno, Rolando, Oliverio, ya no existen

De Palverino y el Orco no quedan sino sus nombres; dormidas yacen las torres que se reflejaban en las aguas del Usk; Arturo y sus caballeros se han desvanecido, Merlín, Lancelot y Galahael, disueltos en el aire como vapor. ¡Muertos! ¡Muertos! Lejano y para siempre muerto ese mundo un día tan potente, ahora vacío, inanimado, mundo fantasma;

Ese extraño mundo, tan deslumbrador, tan desenfrenado, con sus leyendas y sus mitos originales.

Con sus reyes soberbios, sus sacerdotes, sus guerreros feudales y sus cortejadas castellanas,

Ahora yace en las criptas de las catedrales con sus coronas, sus armaduras, sus tocas y sus joyeles;

Sus blasones son las páginas de púrpura de Shakespeare,

Y su canto fúnebre la suave y melancólica poesía de Tennyson.

Dejadme repetiros ¡oh amigos! que aunque vosotros no la percibáis, yo veo a la ilustre emigrada (verdad es que ha viajado y cambiado indeciblemente, si bien continúa siendo la misma de siempre)

Dirigirse hacia nosotros, rumbo a esta cita, a través del tumulto de las multitudes,

Del estrépito de las maquinarias, del agudo silbar de las locomotoras,

Sin espantarse ni desconcertarse ante los acueductos, los gasómetros y los abonos artificiales,

Sonriente y bienaventurada, con la clara intención de detenerse.

¡Hela aquí, que se instala entre la batería de cocina!

¿Pero qué digo?, ¿no estoy a punto de olvidar mi gentileza?

Permite que te presente a la Extranjera (acaso para otra cosa vivo y canto yo), ¡oh Columbia!

Bienvenida seas tú en nombre de la Libertad, ¡oh inmortal! Unid vuestras manos,

Y a partir de este instante honraos como amorosas hermanas.

¡Tú, oh Musa, nada temas! Nuevos días y vidas nuevas te acogen, te circundan,
Una raya insólita, original en sus singularidades, te rodea;
Y sin embargo, es la misma antiquísima raza humana, la misma dentro y fuera.
Son los mismos corazones, los mismos rostros, los mismos sentimientos, las mismas aspiraciones,
El mismo viejo amor, la misma belleza y los mismos usos.

No formulamos censuras contra ti, Viejo Mundo, ni en realidad nos separamos de ti;
(¿Querría un hijo separase de su padre?)
Mas volviendo las miradas a tu pasado, recorriendo tus trabajos y tus grandezas, viéndote construir y crear a lo largo de las edades.
Sentimos ahora la voluntad de construir y de crear.

Más soberbia que las tumbas de Egipto,
Más bella que los templos de Grecia y de Roma,
Más altiva que la catedral de Milán con sus estatuas y su flecha,
Más pintoresca que los torreones del Río Rin,
Pensamos edificarte, desde este día, por encima de todas esas antigüedades,
No una tumba más, sino tu Gran Catedral, ¡oh Industria!
La Gran Catedral de las invenciones prácticas y de la vida.

Como en una lúcida visión, Al par de mi canto veo elevarse el nuevo prodigio; me complazco en detallar sus múltiples pisos y secciones.

Alrededor de un palacio más bello y más amplio que todos los de las pasadas épocas.
(Moderna maravilla de la Tierra que sobrepuja las siete de la Historia.)
Surge majestuoso piso tras piso, con sus fachadas de hierro y de cristal
Alumbrando al sol y al cielo con las variedades de sus matices, bronceado, lila, púrpura, azul, verde mar, carmesí,
Con su cúpula dorada sobre la que deberán flotar bajo tu bandera, ¡oh Libertad!
Los pendones de los Estados y las banderas de todos los pueblos,
Y una pléyade de palacios esplendorosos, algo más pequeños, haciendo las veces de diadema.

A lo largo del interior de sus muros se exhibirán todos los objetos y los utensilios inventados por el humano ingenio;
No sólo el mundo de los trabajos, de los oficios y de los productos habrá de exponerse allí, también los obreros del mundo deberán estar representados.

Allí podréis seguir en todos sus cursos, Y diligentes transformaciones, los grandes alumbramientos prácticos de la civilización;
Allí, ante vuestros ojos, la materia mágicamente cambiará de forma;
Allí, El algodón será cosechado como en su propio campo, Luego, secado, limpiado, desgranado, embalado,

hilado y tejido, Veréis a los operarios usar todos los métodos, desde los más antiguos a los modernos,
Veréis todas las variedades de cereales, la fabricación de las harinas y la cocción del pan;
Veréis los minerales brutos de California y de Nevada fluir y refluir por las cañerías, hasta trocarse en lingotes,
Veréis el arte del tipógrafo y aprenderéis a componer,
Observaréis con estupor la prensa Hoe, cuando giran sus cilindros proyectando las hojas impresas con un movimiento rápido y continuo;
La fotografía, el modelo, el reloj, la aguja, el clavo serán hechos ante vosotros,
En vastos y tranquilos «halls» un magnífico museo desarrollará la lección inacabable de los minerales,
En otros, las maderas, las plantas, las vegetaciones;
En otros, los animales, la vida de los animales, sus desarrollos y sus metamorfosis.

Un majestuoso Oratorio será la Sala de Música;
Otros serán dedicados a las diversas Artes, la Enseñanza y las Ciencias, tendrán los suyos.
Ninguna será olvidada, todas habrán de ser estimuladas y honradas.

(¡Oh América! Estos palacios serán *tus* Pirámides y *tus* Obeliscos,
Tu faro de Alejandría, tus jardines de Babilonia,
Tu templo de Olimpia.)

Los hombres y las mujeres, ¡tan innumerables! que no trabajan,
Vendrán aquí a rozarse con los que laboran tanto,

Para ambos será el provecho, para ambos la gloria:
Provecho y gloria para todos,
Para ti, ¡oh América! ¡Para ti, Musa inmortal!

¡Allí habitaréis vosotras, potentísimas matronas!
Allí, en vuestros más vastos dominios, más ilimitados que todos los de antaño,
Y de allí—para que los ecos los dilaten allende los más remotos siglos—
Cantaréis en cantos diversos y altivos los novísimos temas;
Cantos de paz y de fecundo esfuerzo; cantos de la vida del pueblo, coreados por los propios pueblos,
Engrandecidos, iluminados, impregnados de paz, de segura y entusiasta paz.

¡Basta de temas guerreros! ¡Basta de guerras!
¡Desaparezcan de mi vista, para nunca más verlos, los tendales de cadáveres mutilados y ennegrecidos!
Aquel desenfrenado infierno ávido de sangre, propio de tigres selváticos y de lobos hambrientos, antes que de seres racionales,
Sustitúyelos con tus fructíferas campañas, ¡oh Industria!
Con tus ejércitos y tus máquinas impertérritas,
Con tus estandartes de humo desplegados al viento,
Y el alto y clarísimo resonar de tus clarines.

¡Basta de fábulas antiguas!
Basta de novelas, de protagonistas y de dramas copiados de las cortes extranjeras,
Basta de versos de amor azucarados de rimas, de intrigas y aventuras de ociosos,

Propias de los banquetes nocturnos en los que los danzantes se deslizan a los adormecedores acordes de la música;
Insanos placeres, extravagancias y deleites de los menos,
Sofocados por los perfumes, las libaciones, el color y las luminarias de los deslumbrantes plafones.

En homenaje vuestro, ¡oh verecundas y sanas hermanas!
Alzo mi voz reclamando para los poetas y para el Arte temas más puros y grandiosos:
Temas que exalten la realidad y el presente,
Que enseñen a los hombres del pueblo la gloria de su destino y de sus oficios cotidianos,
Que canten la canción de la actividad y de la química de la vida,
Que aconsejen a todos, sin excepción, las labores manuales: labrar, escardar, sembrar, cuidar los árboles, los frutos, las legumbres, las flores,
Velar para que cada hombre haga algo en realidad, lo mismo que cada mujer,
Manejar el martillo y el serrucho (la sierra de doble mango),
Estimular sus aficiones de carpintero, de modelador, de pintor decorativo,
De sastre, de sastra, enfermero, palafrenero y comisionista,
Inventar alguna pequeña cosa ingeniosa, para simplificar el lavado, la cocina, la limpieza,
No ser esclavo de la vieja rutinaria creencia que reputa deshonrosa la «ayuda propia» en tales faenas.

Yo te traigo, ¡oh musa! todas las actualidades de esta tierra, todos los oficios, todas las grandes o ínfimas funciones.

El trabajo, el sano trabajo, que hace sudar infinito, sin reposo;

Las viejas, las viejas cargas prácticas, los intereses y las alegrías,

La familia, la parentela, la infancia, el marido, la mujer,

El bienestar de los hogares, la casa misma y todas sus pertenencias,

El alimento y su conservación, la química inclusive,

Todo lo que contribuye a formar al hombre y la mujer de clase media: fuertes, íntegros, de sangre pura, el individuo perfecto y longevo.

Cuanto lo ayuda a orientar su vida hacia la salud y la felicidad y plasmar su alma.

Para la eterna vida real del porvenir.

Y con todo ello, con los modernos vínculos, con los descubrimientos y las comunicaciones internacionales,

Ofrezco a tus ojos el vapor, los grandes expresos, el gas, el petróleo,

Verdaderos triunfos de nuestro tiempo, el cable trasatlántico,

La vía férrea del Pacífico, el canal de Suez, los túneles del monte Cenis, del Gottardo, del Hoosac, el puente del Brooklin.

Toda la tierra convertida en un hormiguero de vías férreas y de derroteros navales, a través de todos los mares,

Y nuestra propia esfera, este mundo astronómico y su bullir cotidiano.

Y tú, ¡oh América! Por altos que se yergan tus hijos, tú te alzas más alta todavía, tú imperas por encima de

todos, Con la Victoria a tu izquierda y la Ley a tu derecha,
Tú, Unión, que todo lo contienes, que fusionas, absorbes y toleras todo,
Tú eres la que yo canto ahora y siempre.

Tú también..., tú eres un mundo, Con todas tus regiones, inmensas, múltiples, diversas, lejanas,
Transformadas por ti en una sola existencia, con una sola lengua mundial.
Y un solo destino común.
Y con el encanto que infundes a tus convencidos ministros del trabajo,
Yo evoco y encarno mis temas, y los hago desfilar ante ti.

Mira, pues, ¡oh América! (Mira tú también, inefable huésped y hermana),
He aquí que –para ambas– avanzas con tus aguas y tus tierras; ¡Mirad! Los campos y las granjas, las selvas y las montañas lejanas, Avanzan en procesión; El mismo mar viene hacia nosotros,
Mira las naves que hienden el tropel ilimitado de sus olas;
Mira en la lejanía las velas blancas hinchadas por el viento tachonando la verde y azul inmensidad;
Mira los vapores que llegan y los que parten,
Mira sus foscos y ondulantes penachos de humo.

Mira allá en el Oregón, allá, en el distante Norte y al Oeste, Mira en el Manic, en el lejano Norte y hacia el Este, los alegres leñadores de tus bosques, Blandiendo el hacha, jornada tras jornada.

Mira en los lagos el timonear de tus pilotos, los ademanes de tus remeros,

Mira cómo se retuerce el fresno entre sus brazos musculosos,

Mira allá: cabe la hornaza y alrededor del yunque... el martillear de tus hercúleos herreros,

Mira el movimiento de sus brazos, al levantar en alto y al abatir rítmicamente sus mazas que repercuten, como un tumulto de risas.

Mira por doquiera el genio de la inventiva y mira cómo multiplica las patentes de invención,

Tus talleres y tus fundiciones ya edificadas, y las que están en construcción,

Mira fluir las altas llamaradas de sus hornos en torrentes de fuego.

Mira tus innumerables granjas hacia el Norte y hacia el Sur, Tus opulentos Estados, del Este y del Oeste,

Los variados productos del Ohio, de Pensilvania, del Missouri, de Georgia, de Texas y de los demás;

Mira el desbordamiento anual de tus cosechas: de trigo, azúcar, aceite, maíz, arroz, cáñamo y lúpulo,

Tus trojes, tus trenes de mercancías y tus depósitos repletos,

Los racimos que maduran en tus viñedos, las manzanas de tus pomaradas,

Tus montes, tus rebaños, tus piaras, tus papares, tu carbón, tu oro, tu plata,

Y el inagotable hierro de tus minas.

Todo eso es tuyo, ¡oh sacra Unión!

Flotas, granjas, plantaciones, manufacturas, minas, ciudades y Estados, el Mediodía y el Sur,

Todo te lo dedicamos, ¡oh temida madre!

¡Tú, protectora absoluta!

¡Tú, baluarte de todas las cosas!

Pues bien sabemos que tú, generosa como Dios, te prodigas a todos y a cada cual,
Que sin ti, Tierra, nada, completamente nada, ni haciendas, ni hogares, ni minas, ni naves, nada de lo que hoy existe estaría seguro,
Ninguna cosa segura, ni ahora ni nunca.

¡Y tú, Emblema que ondulas por encima de todo!
También tengo una palabra para ti (acaso podrá serte útil, ¡Oh delicada belleza mía!
Recuerda que no has sido siempre como ahora, Reina venturosa,
Yo te he visto tremolar en escenas muy distintas de la actual.
No intacta ni límpida ni florida como ahora en tu seda inmaculada;
Yo te he visto colgar en pedazos de una asta rota,
Yo te he visto oprimida con desesperada mano contra el pecho de un joven alférez,
Yo te he visto anhelada y defendida con salvaje rabia en mortales cuerpos a cuerpos,
Te vi, te he visto en medio de locos entreveros, entre el tronar de los cañones, el clamoreo de las injurias, de los gemidos, de los alaridos de dolor y las secas y ásperas descargas de los fusiles,
Hundiéndote y apareciendo de nuevo entre las masas de furiosos demonios que surgían jugándose la vida a cada paso, sucios de fango, enrojecidos de sangre,
Sí, belleza mía; por eso, y para que (como ahora) pudieras flamear en paz... allá en lo alto,
Yo he visto enterrar muchos bravos. Ahora todo lo que aquí vemos, las flores y los frutos de la paz, son tuyos, ¡oh bandera! Todo ello en adelante será para ti, ¡oh musa Universal!

¡Y tú estás aquí por eso!

¡De aquí en adelante, toda la obra y todos los obreros son tuyos, oh Unión!

Ninguno se separará de Ti, nosotros y Tú somos una misma cosa,

¿Pues qué es la sangre de los hijos sino sangre materna? Y las vidas y las obras, ¡qué son, al fin, sino rutas que conducen a la fe y a la muerte?

Si ahora reseñamos nuestras desmesuradas riquezas, lo hacemos por Ti, madre querida,

Te confesamos que las poseemos todas y cada una de ellas, indisolublemente unidas a Ti,

No creas que mi Canto y la Exposición se preocupen exclusivamente de la abundancia de los productos y de la cuantía de las ganancias,

¡Los hemos hecho por Ti, por el alma eléctrica y espiritual que hay en Ti!

¡Granjas, cosechas e invenciones las poseemos en Ti; tuyas son las ciudades y los Estados!

Nuestra Libertad se apoya en Ti,

En Ti confían nuestras vidas.

El enigma

Ese algo que estos versos y cualesquiera otros versos no pueden asir,

Que el oído más fino no puede oír, que el ojo más clarividente o el espíritu más sagaz no puede hacerse una imagen,
Que no es el saber, ni la gloria, ni la felicidad, ni la riqueza,
Que, sin embargo, constituye el latido de todos los corazones y de todas las vidas del mundo,

Que vos y yo y todos perseguimos siempre sin alcanzarlo nunca,
Que está expuesto a la luz del día y permanece secreto, realidad de las realidades, y a pesar de ello fantasma,
Que no cuesta nada, le tienen todos, y no obstante ningún hombre es su poseedor,

Que en vano los poetas se esfuerzan en poner en verso y los historiadores en prosa
Que los escultores nunca han esculpido, ni los pintores han pintado,
Que los cantores no han cantado nunca, ni los oradores y actores han recitado,

Ese algo es lo que invoco aquí y que exijo conteste al reclamo de mi canto.

Sin preocuparse del sitio, en los lugares públicos como en las viviendas privadas o en la soledad,

Detrás de la montaña o del bosque,
Compañero de las calles más agitadas de la ciudad, en el seno de la multitud;
Ese algo impera y proyecta sus radiaciones.
En las miradas de los niños inconscientes,
O extrañamente, en los féretros donde yacen los muertos,
O en las visiones del alba, o en las estrellas vespertinas,
Análogo a cierta ligera película de sueños que se evapora,
Ese algo se oculta, titubeando en desaparecer.
Dos palabras, dos pequeños soplos lo comprenden,
Dos palabras, pero en ellas se engloba todo, desde el principio al fin.

¡Cuán ardientemente lo persiguieron los hombres!
¡Cuántas naves navegaron y se hundieron en su búsqueda!
¡Cuántos viajeros abandonaron su hogar y no retornaron más!

¡Qué suma de genio se ha arriesgado por él!
¡Qué reservas incalculables de belleza y de amor perdidas por él!

¡Las acciones más espléndidas, realizadas desde que el mundo es mundo, se refieren a él!
¡Los horrores, los males, las batallas de la tierra, todos son justificados por él!

Las fascinantes llamas que de él emergen, han atraído las miradas de los hombres, en todos los tiempos y países,

Suntuosas como una puesta de sol en las costas de Noruega, con el cielo, las islas y las escarpadas riberas,

¡O como las claridades inalcanzables y silenciosas de la media noche septentrional!

Vago, y sin embargo cierto, es el enigma de Dios,

El alma existe por Él, el Universo visible es su obra, y los mismos cielos también.

A un extranjero

¡Extranjero que pasas! No sabes tú el deseo ardiente con que te miro,
Seguramente debes ser el que yo buscaba, o la que yo buscaba (me parece recordarlo como a través de un sueño),
Seguramente hemos vivido juntos una vida gozosa, no sé dónde,
Todo esto revive en el mismo instante en que rápidamente nos cruzamos, fluidos, afectuosos, castos, maduros,
Hemos crecido juntos, eras un varón o una niña,
He comido y he dormido contigo, tu cuerpo ha dejado de ser únicamente tuyo, no he permitido a mi cuerpo ser únicamente mío;
Y me das el placer de tus ojos, de tu rostro, de tu carne, en el momento de cruzarnos, y tomas en cambio el de mi barba, de mi pecho y de mis manos,
No te diré una palabra, mas pensaré en ti cuando me halle solo o cuando despierte de noche,
Esperaré, no dudando que nos encontraremos otra vez, Y entonces, trataré de no perderte.

La duda terrible de las apariencias

Pienso en la duda terrible de las apariencias,
En la incertidumbre en que nos hallamos, pienso que quizá somos juguetes de una ilusión.
Que acaso la esperanza y la fe no son más que especulaciones,
Que acaso la identidad de ultratumba sólo es una bella fábula;
Quizá las cosas que percibo, los animales, las plantas, los hombres, las colinas, las aguas brillantes y corrientes,
Los cielos del día y de la noche, los colores, las densidades, las formas,
Quizá todas esas cosas no son (lo son seguramente) sino apariciones, y que nos falta por conocer aún lo verdaderamente real
(¡Cuántas veces estas cosas se desprenden de ellas mismas como para confundirme y burlarme!
¡Cuántas veces pienso que yo ni hombre alguno sabemos la menor palabra de ello!),
Pudiera ser que las cosas me parecieran lo que son (seguramente no son sino aparentes) según mi criterio presente, y que ellas no serían (seguramente resultaría así) tales como me parecen ahora, quizá no serían nada consideradas con criterios enteramente distintos.
Sin embargo, para mí estas cuestiones y otras del mismo orden son curiosamente resueltas por los que me aman, mis caros amigos:
Cuando el que amo camina conmigo o está sentado junto a mí, oprimiendo largo rato mi mano con la suya,
Cuando el aire sutil, lo impalpable, el sentido que las palabras y la razón no expresan, nos rodean y nos

invaden, Entonces me siento poseído de una sapiencia inaudita e indecible, permanezco silencioso, no pregunto nada,

No puedo resolver el problema de las apariencias ni el de la identidad de ultratumba,

Pero me paseo o me detengo, indiferente, me siento contento,

El que oprime mi mano me ha serenado y satisfecho.

Del canto al Presidente Lincoln

Féretro que avanzas por las calles y los caminos,
Que avanzas noche y día bajo la gran nube negra que entenebrece la región.
Con la pompa de las enlutadas banderas, con las ciudades tendidas de negro,
Con el espectáculo de los Estados, semejantes a mujeres de pie, bajo sus velos de crespón,
Con las procesiones largas y sinuosas y las nocturnas antorchas,
Con las innumerables teas ardientes, por encima del océano de las cabezas descubiertas,
Con el repositorio que aguarda y los rostros sombríos,
Con los himnos fúnebres que estremecen la noche,
Con los millones de voces que se expanden fortísimas y solemnes,
Con todas las voces doloridas del coro fúnebre alrededor del féretro,
Con las iglesias pálidamente iluminadas y las lamentaciones de los órganos,
Entre el doblar de las campanas que tañen, tañen, tañen,
Toma, féretro que pasas lentamente, Te ofrezco mi rama de lilas.

(No es para tu cadáver sólo,
Yo deposito flores y verdes ramas sobre todos los féretros que pasan;
¡Oh muerte sana y sagrada!, hace tiempo que quería dedicarte un canto tan fresco como el alba.

¡Oh muerte!, te ofrezco búcaros de rosas,
Te cubro totalmente de rosas y de lirios precoces;
Mas ahora te brindo las lilas primerizas, Rompo las ramas de los florecidos arbustos, Y con los brazos cargados de ellas, Te los brindo a ti y a todos tus féretros, ¡oh muerte!)

¿Cómo habré de cantar para este muerto amado?
¿Con qué ornaré mi canto en homenaje al alma grande y dulce que se ha ido?
¿Qué aroma esparciré sobre la tumba del que amo?

Los vientos del mar que soplan de Oriente y de Occidente,
Que soplan del mar Oriental y del mar Occidental, hasta arremolinarse allá, en las praderas,
Tales serán mis aromas y con ellos el soplo de mi canto, para perfumar la tumba del que amo.

¿Qué colgaré en los muros del panteón funerario?
¿Qué cuadros colgaré en los muros para adornar el mausoleo del que amo?
¿Colgaré los cuadros de la primavera que pasa, de las granjas y de las moradas?
Con las puestas de sol de las tardes de Abril y sus traslúcidos esplendores,
Con las marejadas de oro amarillo del sol que se aparece, indolente, mágico fulgurante,
Con la hierba amarilla y suave bajo nuestros pies, y el follaje verde claro de los árboles prolíficos,

Y el luciente río rizado de trecho en trecho por la brisa, Y los promontorios de las riberas, destacándose en el cielo, Y la ciudad próxima, hormigueante de edificios con sus enhiestas y humosas chimeneas, Y las escenas de la vida, todas las escenas de los talleres, y los gestos de los obreros que vuelven a su hogar.

La canción de la Muerte

¡Ven, muerte adorable y balsámica!
Ondula alrededor del mundo, acércate, muéstranos tu serena frente, Día y noche, sin olvidar a nadie,
Acércate, muerte delicada,
Loado sea el insondable universo.

Por la vida y la alegría que nos brinda, por los objetos, y la ciencia de ellos,
Y por el amor —¡el delicioso amor!—
¡Loada seas!, ¡loada!, ¡loada!
¡Oh muerte, y el frío y seguro abrazo de tus manos!
Sombría madre que te deslizas a nuestra vera con apagados pasos,
¿Nadie te ha cantado todavía un canto de entusiasta bienvenida?
Si es así, déjame que te glorifique sobre todas las cosas
Que te ofrezca un canto para decirte que cuando vengas lo hagas sin desfallecer,

Acércate, fortísima libertadora,
Yo canto forzosamente a los muertos que me traes,
Canto el océano de amor que los lleva en sus ondas,
Bañados en las ondas de tu beatitud, ¡oh muerte!

De mí a ti revuelan gozosas serenatas, Propongo danzas para festejarte, ferias y fiestas en tu honor;
Para ti, los espectáculos al aire libre, bajo los plenos cielos, La vida y las campiñas, y la enorme noche llena de recogimientos,
La noche silenciosa bajo las palpitantes estrellas,

Las costas oceánicas y las ondas de murmurios confidenciales, como los que arrullaran mi niñez,
Y el alma que se vuelve hacia ti, ¡oh muerte! buscando tus labios bajo los velos de tu crespón,
Y el cuerpo, que se estrecha, reconocido contra ti.

Por encima de los susurrantes bosques elevo mi canción hacia ti,
Por encima de las ondas que suben y bajan, por encima de los campos y de las praderas inmensas,
Por encima de todas las ciudades compactas y amontonadas, por encima de los puertos y de las avenidas hormigueantes,
¡Elevo esta canción hacia ti, oh muerte!
¡Con alegría!
¡Con alegría!

A cierta cantante

Tomad esta estrofa, La reservaba para algún héroe, orador o general,
Alguien que hubiera servido a la vieja y buena causa, a la gran idea, al progreso y la libertad de la raza,
Algún bravo que enfrente los déspotas, algún audaz rebelde, Mas veo que lo que reservaba, os corresponde
Tanto como a cualquiera de ellos.

De lo más hondo de las gargantas del Dakota

(*25 Junio 1876*)

De lo más hondo de las gargantas del Dakota,
Región de los barrancos salvajes, del Sioux de piel bruna, de la inmensidad solitaria, del silencio,
Se alzan hoy por azar fúnebres gemidos, retumba por azar el clamor de los clarines en loor de unos héroes.

He aquí la crónica de la batalla:
Los indios han preparado una emboscada, su astucia triunfa, forman un círculo fatal,
Las tropas de caballería combaten hasta el fin con el más inflexible heroísmo,
En el centro del pequeño círculo, parapetados detrás de sus caballos muertos,
Custer cae con todos sus oficiales y sus soldados.

Así continúa la vieja tradición de nuestra raza, Lo que la vida tiene de más sublime exaltado por la muerte,
La antigua bandera sostenida indefectiblemente.
¡Oh Lección oportuna!
¡Cuán grata al alma mía!

Mientras solitario y triste en estos días sombríos yacía sentado, buscando en vano un resplandor, una esperanza que rompiera la espesa negrura de la edad,
He aquí que surge, de regiones inesperadas, una prueba repentina y salvaje
(Allá, en el centro, el sol caliente aún, aunque oculto,
La vida eléctrica anima siempre el centro)

¡Y reluce el surco de un relámpago!

Tú, cuyos leonados cabellos flotaban en las batallas,
Tú, a quien yo viera antaño, alta la frente, avanzar siempre en primera fila, empuñando la espada,
He aquí que apagas bravamente en la muerte el ardor espléndido de tus hazañas
(No es un himno fúnebre el que te canto, es una estrofa alegre y triunfal),
He aquí que terrible y glorioso, más terrible, más glorioso que nunca en la derrota,
Después de tantos combates en los que nunca entregaste un cañón ni una bandera,
Dejando tras de ti una memoria grata a los soldados,
Te aniquilas tú mismo.

Del mediodía a la noche estrellada

¡Tú, astro cenital, en toda la potencia de tu deslumbramiento! ¡Tú, ardoroso mediodía de Octubre!

Que inundas de devorante luz la arena gris de la playa,

El mar próximo de roncos silbidos, con sus lejanas perspectivas y sus espumas escalonadas, Con sus leonados regueros, con sus sombras y su inmensidad azul; ¡Oh sol resplandeciente del mediodía! ¡Es para ti este canto singular! ¡Oh, sol...!

¡Escúchame, soberano!

¡Te habla el más agradecido de tus hijos, el que siempre te ha adorado!

De pequeño me arropaba en tu manto; más tarde feliz chiquillo, solo a la orilla de un bosque, tus rayos, acariciándome de lejos, bastaban para mi felicidad,

Y joven o viejo, en la plenitud de mis fuerzas, has sido para mí, tal como te muestras hoy, mientras te dirijo mi invocación.

(No puedes engañarme con tu silencio, Yo sé que la Naturaleza se inclina ante el hombre digno, Aunque no contesten con palabras, los cielos o los árboles, oyen mi voz, y tú la oyes, ¡oh sol!

En cuanto a tus espantosos dolores, a tus disturbios, a tus inesperados abismos y a tus gigantescos dardos de llamas, Los comprendo porque yo también conozco esas llamas y esos disturbios.

También, yo, soy llama

También, yo, soy disturbio)

Tú que difundes tu calor y tu luz (fructificadoras),

Sobre las legiones de granjas, sobre las tierras y las aguas del Norte y del Sur,

Sobre el Mississippi de interminable curso, sobre las herbosas llanuras de Texas, sobre las selvas de Canadá

Sobre la tierra toda que vuelve su rostro hacia ti, brillante en el espacio,

Tú que lo envuelves todo imparcialmente, los continentes y los mares,

Tú que te prodigas a los racimos y a las hierbas locas y a las florecillas los campos,

Difúndete, difúndete, a través de mí y de mis poemas; dedícame uno solo de los rayos fugitivos de tus millones de millones, y atraviesa estos cantos.

No limites a ellos solamente tu esplendor sutil y tu potencia, Reserva también algo para el día avanzado de mi ser, dora mis sombras que se alargan, Y prepara mis noches estrelladas.

Iniciadores

Pienso cómo la tierra, la bella tierra (donde aparecen por intervalos) está provista de *ellos*.
Cuán caros y temibles son para la tierra,
Cómo la ganancia es igual para ellos que para los demás —por paradójica que parezca su edad—,
Cómo la multitud responde a su llamado, a pesar de no conocerlos,
Cómo hay algo de implacable en su destino, en todos los tiempos,
Como todas las épocas eligen mal los objetos de su adulación y de su recompensa,
Y cómo el mismo precio inexorable debe ser pagado todavía para la misma grande adquisición.

¡Jonnondio![3]

Esta sola palabra es un poema,
Esta sola palabra es el infinito,
Esta sola palabra es un himno fúnebre;

Sus sílabas me evocan
cuadros extraños y brumosos,
visiones de desiertos, de rocas,
de tempestades y de noches de invierno;

¡Jonnondio!

Veo a lo lejos, hacia el Norte o al Oeste, en largas torrenteras y montañas negras,
Por las cuales se deslizan,
raudas como espectros crepusculares,
multitudes de jefe robustos,
de brujos
y de guerreros.

(Raza de las selvas,
de los amplios espacios y de las cataratas,
Vocablo iroqués;
significaba *lamentación*.
Ningún cuadro, ningún poema,
ningún relato te legará al futuro.)

¡Jonnondio! ¡Jonnondio!

---

[3] Jonnondio: //En el poema el autor dice que se trata de "lamentación". No obstante, es también la idea del *Eterno Retorno*, una clave cardinal de la Teosofía; idea multi-milenaria que F. Nietzsche creía haber pensado antes que nadie *(Nota del traductor.)*

—Desaparecen sin que nadie los recuerde, sin que los evoque nadie;

La actualidad se esfuma ante ellos, pueblos, granjas, usinas, ciudades, se desvanecen;
Fuertes y veladas vibran un instante las sílabas autóctonas y la palabra *lamentación* pasa en el aire
Y se hunde en el silencio para siempre jamás.

Los Estados Unidos a los críticos del Viejo Mundo

Aquí comenzamos por ocuparnos de los deberes del presente; escuchamos las lecciones prácticas,
Riqueza, orden, vías férreas, construcciones, productos, abundancia;
Reforzamos los cimientos del más variado, eterno y vasto de los edificios,
Del que se elevarán, andando el tiempo, las cúpulas orgullosas,
Las flechas fortísimas y altivas,
las flechas enhebradoras de estrellas.

Hacia alguna parte

Mi sabia amiga, mi más noble amiga
(Sepultada ahora en una tumba inglesa, y a cuya querida memoria dedico esta página),
Un día terminó así nuestra conversación: «El resumen de todo lo que sabemos, de todas las intuiciones profundas —Geología, Historia, Astronomía y Metafísica—,
Es que todos avanzamos, avanzamos lentamente, que todos mejoramos.
Que la vida, la vida es una marcha sin fin, la marcha de un interminable ejército (sin descanso posible),
Que el mundo, la raza, el alma, los universos en el espacio y en el tiempo
Están en marcha, cada uno a su modo, hacia quién sabe dónde; pero seguramente hacia algún lado...»

Media noche

He aquí tu hora, alma mía, la hora en que emprendes el vuelo a través de un éxtasis sin palabras,
¡Oh! Lejos de los libros, lejos del arte y de las arduas jornadas;
Emerges de tu estuche, divinamente silenciosa, maravillada, meditando los eternos y predilectos motivos:
La noche, el sueño, la muerte y las estrellas...

Espíritu que has plasmado esta naturaleza

(*Escrito en el cañón del Colorado*)

Espíritu que has plasmado esta naturaleza, Estos ásperos y rojos amontonamientos de derrumbadas rocas, Estos picos temerarios que pretenden escalar el cielo, Estas gargantas, estos riachos turbulentos y claros, esta desnuda frescura, Esta arquitectura bárbara y caótica, ordenada según sus propias leyes,

Te conozco, espíritu salvaje —somos viejos amigos, más de tres veces hemos comulgado juntos—,

En mí también impera esta arquitectura bárbara regida por sus propias razones.

¿No han arrojado sobre mis poemas la acusación de inartísticos? ¿Que no han sido creados según leyes rítmicas y delicadas? ¿Que habían dado al olvido la cadencia de los líricos, la gracia de los templos clásicos con sus columnas y sus arcos pulidos?

Pero a ti, espíritu salvaje que te revelas aquí, Espíritu que has plasmado esta naturaleza, Mis cantos no te han olvidado.

La abuela del Poeta

Os mira bajo su cofia de cuáquera, su faz es más límpida y más bella que el firmamento.

Está sentada en un sillón, bajo el umbroso soportal de la granja,

El sol pone un largo rayo de oro sobre su anciana cabeza blanca.

La tela de su amplio vestido es color crema, Sus nietos han cultivado el lino con que ha sido hecha, y sus nietas lo han tejido en la rueda familiar.

¡Vedla! Parece la melodiosa alegría de la tierra,

La nieta, más allá de la cual la filosofía no puede ni quiere ir, Y la madre ennoblecida de los hombres.

La Etiopía saludando a la bandera

¿Quién eres, mujer de negra faz, tan vieja que casi no pareces humana?

Con tu blanca y lunosa cabeza envuelta en un turbante, tus anchos y desnudos pies...

¿Qué haces erguida al borde del camino?
¿Saludar la bandera?

(Fue mientras nuestro ejército costeaba los arenales y los pinares de la Carolina,
Que tú, Etiopía, saliendo del umbral de tu cabaña, te adelantaste hacia mí,
Hacia mí, que a las órdenes del esforzado Sherman marchaba en dirección al mar.)

«Señor, hace cien años me robaron a mis padres,
De niña, me cogieron como se cogen las fieras salvajes,
Luego, el negrero bárbaro, atravesando los mares, me desembarcó aquí.»

No dijo más, pero permaneció allí todo el día,
Ora inclinándose ante los regimientos que pasaban,
Ora sacudiendo su fiera cabeza y dilatando sus ojos de tinieblas.

Yo pensaba: ¿qué tienes, mujer fatal, que casi no pareces humana?

¿Por qué sacudes tu cabeza bajo el turbante rojo, amarillo y verde?

¿Tan extrañas, tan maravillosas son las cosas que ves o que has visto?

Luna hermosa

Baja tus miradas, luna hermosa, ilumina esta escena,
Vierte piadosamente las ondas de tu rumbo nocturno
Sobre estos rostros fantasmales, hinchados, violáceos,
Sobre muertos, tendidos de espaldas, con sus armas caídas lejos de ellos;
¡Vuelca los resplandores de tu nimbo inmensurado, luna sagrada!

Reconciliación

¡Oh palabra, superior a todas las palabras, mágica como el firmamento!

Bello es que la guerra y todas sus carnicerías sean con el tiempo totalmente abolidas,

Que las manos de las dos hermanas, la Muerte y la Noche, laven y relaven, tiernas y constantes, este mundo maculado;

Porque mi enemigo ha muerto, un hombre divino como yo ha muerto;

Y miro el sitio en que yace extendido, inmóvil, dentro de su féretro,

Me aproximo a él y me inclino hasta rozar con mis labios el rostro pálido de mi enemigo.

Cuando estaba a tu lado

Cuando estaba a tu lado, compañero, apoyada mi cabeza en tus rodillas,
Te hice una confesión, la misma que ahora te repito:
Sé que soy enemigo del reposo, que infundo a los demás análoga enemistad,
Sé que mis palabras son armas de doble filo, armas mortales,
Porque atacan la paz, la seguridad, el bienestar y todas las leyes establecidas.

Me siento más resuelto desde que todos me han renegado que lo que habría podido estarlo si todos me hubieran aceptado,
No me preocupo ni me he preocupado nunca de la experiencia, de las precauciones, de las mayorías ni del ridículo,
La amenaza de lo que llaman infierno no es nada para mí; Y la atracción de lo que llaman cielo no existe para mí;
¡Querido Compañero! Confiesa que te arrastro conmigo no sé adónde, sin conciencia clara respecto de la finalidad de nuestro viaje,
Sin saber si seremos victoriosos o totalmente vencidos y aniquilados.

¡Oh estrella de Francia!
(1870-1871)

¡Oh estrella de Francia,
Que en la plenitud de tu esperanza, de tu fuerza y de tu gloria
Fueras, durante tanto tiempo, como la nave capitana de una flota,
El resto de un naufragio azotado por los trocados ahora
En huracanes, en un pontón sin mástiles,
Desbordante de muchedumbres locas, furiosas, semisumergidas, ¡Sin timón ni timonel!

¡Estrella obscurecida, Orbe, no sólo de Francia, símbolo también de mi alma y de sus más caras esperanzas,
Símbolo de la lucha, de la audacia, del divino y furioso amor por la libertad,
Símbolo de las aspiraciones ideales, de los sueños de fraternidad vivificados por los entusiastas,
¡Terror de los clérigos y los tiranos!

¡Estrella crucificada —vendida por traidores—,
Estrella agonizante sobre una región de muerte, sobre una región heroica,
Extraña región, apasionada, frívola y burlona.

¡Desventurada! A pesar de tus errores, de tus vanidades, de tus crímenes, no quiero aumentarte ahora,
Tus dolores y tus angustias actuales han borrado todas tus manchas,
¡Te han sacramentado!

Es por haber mirado siempre alto y lejos—por encima de tus errores—,
Por no haber querido venderte —fuere cual fuere la suma ofrecida—,
Por haber despertado arrasada en lágrimas, en mitad del sueño en que te sumergiera el narcótico imperial,
Por haber sido la única, entre tus hermanas —que laceraras titánica a los mismos que te avergonzaban—.
Por no haber podido, por no haber querido sobrellevar las habituales cadenas.
¡Es por todo ello que ahora te vemos lívida, crucificada ...Y con la lanza hundida en el costado!

¡Oh estrella! ¡Oh nave de Francia tanto tiempo desorientada y zozobrante!
¡Valor, orbe en desgracia! ¡Oh nave, prosigue tu crucero!

Tan firme como la nave que nos lleva a todos, como la misma Tierra,
Hija del Caos y del Fuego mortales, de cuyos vastos y furiosos espasmos emergían al fin en su absoluta potencia y hermosura,
Para proseguir su curso bajo sol,
¡Oh nave de Francia! ¡También tú así continuarás el tuyo!

El tiempo barrerá las nubes de tu cielo,
Un día alumbrarás el fruto de tus largas preñeces;
¡Entonces!
Renacida, gigante, durmiendo la vejez de Europa,

(Emularás gozosa a nuestra América —la reflejarás en un como remoto dúo—)

De nuevo tu estrella, ¡oh Francia! tu bella luminosa estrella, más pura, más deslumbrante que nunca en la paz del firmamento,

¡Esplenderá inmortal!

Países sin nombre

Naciones que fueron diez mil años antes que estos Estados, y sendas veces diez mil veces antes de estos Estados,
Racimos copiosos de edades durante las cuales hombres y mujeres semejantes a nosotros crecieron, lucharon y desaparecieron;
Como fueron sus ciudades, de vastas proporciones, sus ordenadas Repúblicas, sus tribus pastorales y nómadas,
Como fueron sus anales, sus gobiernos, sus héroes, quizá superiores a todos los héroes,
Como fueron sus leyes, sus costumbres, sus riquezas, sus artes, sus tradiciones,
Sus matrimonios, su constitución física, sus mentalidades,
Como atendieron y practicaron la esclavitud y la libertad, lo que pensaron de la muerte y del alma,
Cuáles de entre ellos fueron prudentes y espirituales,
Cuáles, bellos y poéticos, cuáles torpes y atrasados:
Nada sabemos de ellos, no dejaron huella ni testimonios escritos, y sin embargo todo queda.

Sé que aquellos hombres y aquellas mujeres tuvieron su razón de ser sobre la tierra, lo mismo que la tenemos nosotros,
Sé que forman parte del plan del mundo, tanto como nosotros formamos parte actualmente.

Su gran lejanía en el tiempo no impide que yo lo vea cerca de mí.
Los hay cuya faz ovalada refleja calma y sabiduría,

Los hay desnudos y salvajes, en multitudes semejantes a enormes nubes de insectos,

Los hay bajo tiendas, pastores, patriarcas, caballeros, en familias y en tribus,

Los hay merodeando por las selvas,

Los hay que viven en la paz de sus granjas, que saturan las tierras, siembran, cosechan,

Otros atraviesan pavimentadas avenidas, entran en los templos, en los palacios, en las bibliotecas, en las fábricas, en las salas de exposiciones, en los tribunales, en los teatros.

¿Será posible que tantos millones de hombres hayan realmente desaparecido?

¿Será posible que esas mujeres llenas de la antigua experiencia de la tierra hayan desaparecido?

¿Será posible que sus existencias, sus ciudades, sus artes no tengan más tumbas que las de nuestra memoria?

¿Será posible que no hayan conquistado nada para ellos mismos?

Yo creo que todos aquellos hombres y aquellas mujeres que poblaron los países sin nombre, continúan existiendo aquí o allá, invisibles para nosotros,

Continúan existiendo según sus pretéritas normas vitales, de acuerdo con lo que entonces sintieran, pensaran, amaran, odiaran y obraran.

Creo que no desaparecieron totalmente aquellas naciones ni ninguno de los que formaban parte de ellas, como no desaparecemos totalmente mi nación ni yo;

De sus idiomas, gobiernos, matrimonios, literaturas, productos, juegos, guerras, costumbres, crímenes, prisiones, esclavos, héroes y poetas,

Sospecho que algo subsiste y espera pacientemente en el mundo aun invisible, algo equivalente a lo que se ha agregado a ellos en la esfera sensible;

Sospecho que un día me será dado encontrarlos no sé dónde,

Junto con todas las antiquísimas particularidades de aquellos países sin nombre.

Un espectáculo en el campo

Un espectáculo que he visto en el campo, al alba gris y confusa:
Como saliera demasiado temprano de mi tienda, por no poder dormir,
A pasos lentos, en el aire fresco del amanecer, llegué junto a la ambulancia,
Entonces percibo tres cuerpos acostados en parihuelas, que yacían allí sin que hubiera nadie a su lado;
Cada uno de ellos está cubierto por un amplio cobertor de lana obscura;
Un gris y pesado cobertor lo envuelve y recubre todo.

Me detengo un momento en silencio;
Luego, delicadamente, levanto a la altura de la cabeza el cobertor del primero, del más próximo:

—¿Quién eres, hombre maduro, tan descarnado y espantoso, con tus cabellos grises y tus ojos hundidos?
¿Quién eres, querido camarada?

En seguida me acerco al segundo:
—¿Y tú, quién eres, hijo mío, mi pequeño hijo?
¿Quién eres tú, delicioso niño de mejillas todavía en flor?

Después paso al tercero.
Su rostro no es el de un niño ni el de un anciano; muy sereno, de un soberbio marfil blanco amarillento.

—Joven —le digo—, creo reconocerte. Me parece que esta faz es la faz de Cristo,

De Cristo muerto y divino, hermano de todos, y que reposa aquí de nuevo.

La cantante en la prisión

¡Oh visión de piedad, de vergüenza y dolor!
¡Oh pensamiento horrible! ¡Un alma aprisionada!

Vibraba el estribillo de un extremo al otro de la nave de la prisión y hendiendo el techo se elevaba a los cielos,
En ondas de melodía tan pensativas, tan suaves, tan fuertes, que nunca se habían escuchado otras iguales,
Volaban a lo lejos, hasta los oídos de los centinelas y de los guardianes armados, los cuales se detenían en sus rondas, Invadidos por un éxtasis y un temor solemnes que detenía el latir de sus corazones.

Un día de invierno, cuando el sol declinaba ya en el horizonte, por un estrecho corredor, en medio de ladrones y bandidos del país (Los hay a centenares, sentados allí, asesinos de rostro endurecido, falsificadores reincidentes, Reunidos los domingos, junto a la capilla de la prisión, y rodeados de numerosos guardianes, sólidamente armados, que los vigilan),
Una dama avanzó serenamente, llevando por la mano dos inocentes niños, Que hizo sentar a su lado, en taburetes, sobre un estrado; Luego, sentándose a su vez, tras un preludio quedo y melodioso del piano, Comenzó a cantar, con voz superior a todas las voces, un himno añejo y singular:

—Un alma aprisionada por barrotes y ligaduras Clama: «¡Socorro! ¡A mí!» retorciéndose las manos, Sus ojos ya no ven, su pecho sangra, Y no puede obtener perdón ni bálsamo de paz.

Sin cesar, recorre y cava su prisión, ¡Oh día de aflicción! ¡Oh noches desesperadas! Ni una mano de amigo, ni una cara afectuosa, Ni un gesto de bondad, ni una palabra de gracia.

No fui yo quien cometió el crimen, Fue el cuerpo implacable quien me forzó a ello; Largo tiempo resistí con coraje, Pero el cuerpo fue más fuerte que yo.

Cara alma aprisionada, defiéndete de nuevo, Porque tarde o temprano vendrá, vendrá el perdón; Para libertarte y restituirte a tu hogar, La muerte, celeste perdonadora, un día llegará.

¡No eres prisionera, no más vergüenza ni angustia! ¡Parte, alma libertada por Dios!

La cantante calló, La mirada de sus claros ojos tranquilos recorrió todos los rostros anhelantes, El mar extraño de esos rostros de presidiarios, un millar de rostros hipócritas, brutales, cicatrizados y bellos, En seguida, levantándose, avanzó entre ellos a lo largo del corredor. (Su vestido, cuyo fru-frú rompía el silencio, les rozaba al pasar.) Y desapareció con los dos niños en la obscuridad.

Entretanto, sobre todos, detenidos y guardianes armados, antes que hicieran el menor movimiento,
(Los detenidos olvidando su prisión, los guardianes sus pistolas cargadas), Un minuto prodigioso de silencio y de emoción cayera
Cortado de sollozos semiosofocados, de llantos de criminales estremecidos en lo profundo, y convulsivos suspiros de jóvenes, anegados por los recuerdos de

hogar, Recuerdos de la voz de la madre cantando los cantos familiares, de los cuidados de la hermana, de la infancia feliz;

Sus espíritus, de tiempos atrás cerrados, se abrían de pronto a las reminiscencias. Minuto indecible aquel. Y más tarde, en las noches solitarias, para muchos, muchísimos de los que allí estaban, Años después, hasta la hora de la muerte, el estribillo, arrasado de tristeza, la tonada, la voz, las palabras, Vibrarían de nuevo, de nuevo la grande y tranquila dama pasaría a lo largo del estrecho corredor, De nuevo sollozaría la melodía, y la cantante de la prisión cantaría: ¡Oh visión de piedad, de vergüenza y dolor, «¡Oh pensamiento horrible! ¡Un alma apasionada!»

Orillas del Ontario azul

A orillas del Ontario azul, Meditaba en los tiempos de la guerra y en la restaurada paz, Y en los muertos que no vuelven, Cuando un fantasma, gigante y soberbio, me abordó con severa faz:

Cántame —me dijo— *el poema que irrumpe del alma de la América, Cántame el canto de la Victoria, Las marchas de la Libertad, las más potentes marchas; Cántame antes de desaparecer el canto de los dolores de la Democracia.*

(La Democracia, la conquistadora que con sonrisas de miel rodean labios traidores,

Que a cada paso que da la acechan la muerte y la deslealtad.)

Una nación se anuncia ella misma: Yo constituyo el único desarrollo según el cual puedo ser estimado;

No rechazo a nadie, lo acepto todo, y luego lo reproduzco según mis propias formas.

Somos una raza cuya virtud se incuba en el tiempo y en los actos,

Somos lo que somos, seres cuyo alumbramiento es una contestación a todas las objeciones,

No blandimos como se blande un arma,

Somos potentes y terribles para nosotros mismos.

Somos ejecutivos, y suficientes en la diversidad de nosotros mismos,

Somos los más admirables para nosotros mismos y en nosotros mismos.

Nos mantenemos en equilibrio sobre el centro de nosotros mismos, extendiendo nuestras ramas sobre el mundo,
Del fondo del Missouri, del Nebraska o del Kansas acogemos los ataques con risas de desdén.

Nada es criminal para nosotros fuera de nosotros mismos,
Sobrevenga lo que sobrevenga, sea lo que fuere lo que se nos manifiesta, sólo somos admirables o criminales en nosotros mismos.

(¡Oh madre, oh hermanas queridas!
Si nos perdemos, no será un vencedor extranjero el que nos habrá destruido
Por nosotros mismos descenderemos en la noche eterna.)

¿Pensáis que no puede existir más que un solo soberano?
Pueden haber infinitos soberanos: uno no neutraliza al otro,
Como un ojo que no ve no neutraliza el otro, o una existencia no neutraliza la otra.
Todo es accesible a todos.
Todo es para los individuos, todo para vosotros:
Ninguna condición os está vedada, ni la de Dios, ni ninguna otra.

Todo viene por intermedio del cuerpo, sólo la salud os pone en comunicación con el Universo,
Haced grandes individuos, los demás vendrán.

Toleramos a los que quieren practicar la piedad y la ortodoxia,
Toleramos a los que desean ser pacíficos, obesos y sumisos,
En cuanto a mí, soy el que abruma de invectivas hombres y mujeres, y naciones, empujándolos irresistiblemente;
Soy el que les grita: «¡Saltad de vuestros sitiales, luchad por vuestra vida!»

Yo soy el que recorre los Estados con una lengua dentada, interrogando a cuantos encuentro:
¿Quiénes sois vosotros que solamente pedís un libro para desposarlo con vuestra tontería?

(Con espantos y con gritos como si fueran tuyos,
¡Oh madre de innumerables hijos! A una raza audaz, ofrezco estos furiosos clamores.)

¡Oh países míos! ¿Querríais ser más libres que todos los que han sido? Venid a escucharme:

Temed la gracia, la elegancia, la delicadeza, temed la civilización, Temed la muelle dulzura, la miel que se pega al paladar;
Desconfiad de la madurez mortal de la Naturaleza que avanza,
Desconfiad de cuanto corroe la rudeza, de los hombres y de los Estados.

Las edades, los antepasados han acumulado de largo tiempo atrás materiales sin dirección.
La América trae sus constructores y los estilos que la caracterizan.

Los inmortales poetas de Asia y de Europa han realizado su obra y pasado a otras esferas,
Nosotros tenemos que realizar nuestra obra, sobrepujando cuanto han hecho.

Llena de curiosidad por los caracteres extranjeros, la América defiende los suyos a todo evento,
Se mantiene a distancia, espaciosa, equilibrada, sana, inaugurando el verdadero uso de las cosas anteriores.
No rechaza el pasado ni lo que han producido bajo sus formas.
Acepta la lección con tranquilidad, contempla el cadáver que llevan lentamente de la casa,
Viendo cómo lo detienen un instante en el umbral y considerando cuán proporcionado era a su época.
Cómo su vida ha pasado al robusto heredero que se aproxima, El cual también será el más proporcionado a su época.

Estos Estados constituyen el más vasto de los poemas, Aquí no se contempla solamente una Nación, sino una Nación hormigueante de naciones,
Aquí las acciones de los hombres corresponden a las múltiples realidades de día y de la noche,
Aquí aparece lo que se mueve en masas espléndidas sin preocuparse de los detalles,
Aquí están los rudos y los pulidos, la amistad, el instinto combativo que exalta el alma,
Aquí las ondas continuas de un cortejo, aquí las multitudes, la igualdad, la diversidad, que exaltan el alma.

¡Pueblo de los pueblos y de los bardos que los confirmarán!

He aquí uno de ellos que levanta hacia la luz un rostro nutrido por el Oeste;

Ha recibido de su estirpe la expresión de su faz, la ha recibido de su padre y de su madre,

Sus elementos primordiales son la substancia, la tierra, el agua, los animales, los árboles,

Su fondo común está construido igual, con sitio para todo, sea próximo o remoto,

Acostumbrado a despreocuparse de los demás países, pues él encarna su propio país,

Lo atrae hacia él en cuerpo y alma, se suspende a su cuello con incomparable amor,

Hunde su músculo genital en sus virtudes y en sus defectos,

Hace de modo que hablen por su boca sus ciudades, sus comienzos, sus peripecias, sus diversidades, sus fuerzas,

Hace de modo que sus ríos, sus lagos, sus bahías desemboquen en él.

El Mississippi, con sus crecientes anuales y sus cambiantes saltos, el Columbia, el Niágara y el Hudson, se derraman amorosamente en él.

Que se extienda la costa del Atlántico o que se extienda la costa del Pacífico, él que se extiende con ella hacia el Norte y hacia el Sur.

Abarca el espacio que media entre ellos el Este y al Oeste, está en contacto con todo lo que existe entre ambos;

Emergen de él retoños equivalentes a los del pino, del cedro, del abeto negro, del roble, de la acacia, del castaño, del nogal, del álamo, del naranjo, de la magnolia,

Se entrelaza el bálago en él tan compactamente como en cualquier juncal o pantano,

Está tallado a semejanza de las montañas, con sus flancos y sus cumbres, sus selvas del Norte cubiertas de un mantel de trasparente hielo,

Fuera de él se dilatan campos de pastoreos tiernos y naturales, como los de las sabanas y de las praderas,

A través de él pasan y se elevan vuelos, torbellinos, gritos que contestan a los del quebrantahuesos, de la garza real y del águila:

Su espíritu abarca el espíritu de su país, está abierto al bien y al mal,

Abarca la esencias de las cosas reales, de los antiguos tiempos y de la hora actual,

Abarca las riberas, las islas, las tribus de pieles-rojas que se acaban de descubrir,

Las naves azotadas por la tempestad, los desembarcos, las instalaciones, embriones de grandeza y de vigor,

El altanero desafío del Año Uno, la guerra, la paz, el establecimiento de la Constitución,

Los Estado distintos, el plan simple, elástico, los inmigrantes,

La Unión, siempre pululante de individuos que la denigran y siempre segura e inasible,

El interior inexplorado, las cabañas hechas con derribados troncos, los desmontes, las bestias salvajes, los cazadores, los ojeadores;

Abarca la agricultura en sus múltiples formas, las minas, la temperatura, los nuevos Estados en gestación,

El Congreso que se reúne anualmente en Diciembre, con todos sus miembros que llegan de los puntos más distantes del territorio, Abarca los obreros y los aldeanos con su carácter noble, sobre todo los jóvenes,

Celebra su manera de ser, sus vestimentas, sus amistades, sus gestos, propios de quienes nunca han conocido la sensación de hallarse ante superiores,
La frescura y la sinceridad que emanan de sus rostros, la resolución y la abundancia de sus cerebros,
El pintoresco descuido de sus aposturas, el furor que manifiestan ante cualquier injusticia,
Su verbo fácil, la alegría que les produce la música su curiosidad, su buen humor, su generosidad, todos los elementos que constituyen su carácter;
Abarca el ardor y el espíritu de iniciativa que prevalecen, la amplísima afectuosidad,
La absoluta igualdad de la mujer y del hombre, el fluido movimiento de la población,
La flota soberbia, el libre cambio, las pesquerías, la pesca de la ballena, las búsquedas del oro,
Las ciudades bordeadas de muelles, las vías férreas y los vapores entrecruzándose por doquiera,
Las manufacturas, la vida comercial, el maquinismo que reduce la «mano de obra», el Nordeste, el Noroeste, el Sudoeste,
Los bomberos de Manhattan, los trueques del yanqui perillán, la vida en las plantaciones del Mediodía,
Las esclavitud —la conspiración traidora y criminal urdida para instaurarla sobre los escombros del resto de la Unión—
¡El épico «Excelsior», la lucha cuerpo a cuerpo! ¡Asesino! ¡No más tregua! ¡Tendrás que morir o moriremos nosotros!
¡Mirad! Allá en lo alto del cielo, en pleno día, La libertad que retorna conquistadora del campo de batalla,
¿No veis la nueva aureola alrededor de su frente?
¿Aureola de fulgor relampagueante y terrible,

Como las llamas de la guerra y los surcos caprichosos de los relámpagos?

¡Oh Libertad! Te veo erguida en una inmutable actitud, Con tu mirada inextinguible, y tu extendida diestra,

Y tu pie encima del cuello del que te amenazaba —del enemigo totalmente aplastado bajo tus plantas—,

Del que, en su locura, lleno de arrogancia y de amenaza, avanzara a grandes pasos hacia ti, empuñando el puñal asesino,

Del fanfarrón de ayer, ebrio de orgullo y de confianza,

Trocado hoy en un despojo muerto—abrumado por el desprecio de toda la tierra—

En una repugnante inmundicia arrojada a los gusanos del estercolero.

Otros consideran que el edificio ya está concluido, pero la República está siempre en construcción, y ofrece nuevas perspectivas;

Otros honran el pasado; yo os honro a vosotros, ¡días del presente!

¡Oh días del futuro! también creo en vosotros; es por vosotros que me aíslo;

¡Oh América! porque construyes para la humanidad, yo construyo para ti.

¡Oh queridos canteros! yo voy a la cabeza de aquellos que con decidida y sabia voluntad trazan los planes;

Con mano amiga yo conduzco el presente hacia el porvenir.

(¡Aplausos para cuantos, en ímpetus de amor, ofrecen hijos sanos al futuro!)

¡Maldición al que se espasma sin preocuparse de los virus, de los dolores, de los espantos y de las debilidades que transmite!)

Al borde del Ontario yo escuchaba al Fantasma, Oía su voz que se elevaba invocando a los bardos, Los grandes bardos nativos capaces de fundir estos Estados en el compacto organismo de una nación.

Es inútil mantener unidos a los hombres mediante una carta, un sello o la violencia;
Sólo es fecunda la unión de los hombres cuando la anima un principio vital, como el que organiza los miembros del cuerpo o las fibras de los vegetales.

Entre todas las razas y las edades, estos Estados desbordantes de arterial savia poética, son los más necesitados de poetas;
Un día deberán poseer los más grandes, y tratarlos como a los más grandes;
¡Sus presidentes más voceros resultarán mudos en comparación de lo que sus poetas llegarán a ser!

(¡Alma de amor y lengua de fuego! ¡Ojo hecho para penetrar los más profundos abismos, y para reflejar el mundo! ¡Ah! madre prolífica y ubérrima en todo lo demás, excepto en esto,
¿por cuánto tiempo aún continuarás estéril?)

El poeta es el hombre constante y armónico de estos Estados,
No es por él, sino cuando falta él, que las cosas parecen grotescas, excéntricas, sin plenitud ideal,

Pues nada es bueno cuando no está en un sitio, nada es malo cuando ocupa su lugar;

Él aplica a cada objeto o cualidad las proporciones que la convienen, ni más ni menos. Él es el árbitro de las diversidades, es la llave, Es el justiciero de su tiempo y de su país, Da lo que debe ser dado, rechaza lo que debe ser rechazado, En tiempo de paz el espíritu de la paz habla por su boca,

Amplio, opulento, activo, construyendo ciudades populosas,

Estimulando la agricultura, las artes, el comercio,

Ilustrando el estudio del hombre, del alma, de la salud, de la inmortalidad, del gobierno,

En tiempo de guerra, es el sostén más sólido de la guerra, arrastra una artillería más eficaz que la de los ingenieros, cada palabra que pronuncia ensangrienta;

Con su inquebrantable fe retiene los años que se extravían por los senderos de la infidelidad,

No discute, juzga (la Naturaleza lo acepta absolutamente),

No juzga como juzgan los jueces, sino como el sol que ilumina un objeto impotente,

Posee la fe más firme, porque en visión es la más telescópica,

Sus pensamientos son himnos en loor de las cosas,
En las discusiones acerca de dios y de la Eternidad, guarda silencio,

No presiente la Eternidad como un drama con su prólogo y su desenlace,

Su Eternidad la ve en los hombres y en las mujeres.

Profeta de la Gran Idea, idea de individuos integrales y libres, El bardo marcha a la vanguardia de su época, guiando a los guías,

Su actitud reconforta a los esclavos y horroriza a los déspotas extranjeros.

Jamás podrá extinguirse la Libertad, jamás podrá retroceder la Igualdad; Viven en los sentimientos de los jóvenes y de las mujeres más grandes.

(Por algo es que las cabezas más indomables de la tierra siempre han estado prontas a caer en aras de la Libertad.)

Luchar por la Gran Idea,
¡Oh hermanos! es la misión de los poetas.

Que tengan siempre cantos de implacable desafío,
Cantos para armarse y para marchar,
Para que sea arriada la bandera de la paz, y en lugar del pendón que conocemos, Flote el estandarte guerrero de la Gran Idea.

(¡Airado trapo que he visto izar tantas veces!
Torno de nuevo a verme bajo la lluvia de las balas que saludaran tus crujientes pliegues,
Te canto por encima de todo, mientras vuelas y me haces señas, a través del combate, ¡oh el combate rabiosamente disputado!
Los cañones abren sus bocazas vomitando un rosado relámpago, las balas rasgan el aire con un grito,
El centro de la batalla desaparece entre la humareda,
A las salvas de los cañones contestan las descargas cerradas de los fusiles, Oíd; resuena la palabra ¡Cargad!
Ahora es el entrevero y los rugidos salvajes que enloquecen, Ahora los cuerpos caen convulsionados en tierra, Fríos, helados de muerte, por ti, por tu preciosa

vida, Trapo airado que veo saltar y crujir allá en la altura.)

¿Querríais ser el poeta de estos Estados? Augusto es el empleo, arduas las condiciones; El que pretendiera enseñar aquí tiene que comenzar por ejercitar bien su cuerpo y su espíritu, Tiene que examinarse, armarse, fortificarse, endurecerse, flexibilizarse.

Porque seguramente yo le interrogaré y numerosas y severas serán mis interrogaciones.

¿Quién sois vos para pretender dirigiros y cantar a la América?

¿Habéis estudiado a fondo su país, sus idiomas y sus costumbres?

¿Lo conocéis en su organismo, su cerebro, su política, su geografía, su fiereza, su independencia, su amistad? ¿En sus fundamentos y en sus fines?

¿Habéis meditado el pacto orgánico celebrado el primer día del primer año de la Independencia, firmado por los Comisarios, ratificado por los Estados y leído por Wáshington ante el ejército?

¿Poseéis la Constitución Federal?

¿Observáis bien a los que han dejado tras sí todas las operaciones y los poemas de un mundo feudal para atribuirse los poemas y las empresas de la Democracia?

¿Sois leal con las cosas? ¡Difundís lo que enseñan la tierra y el mar, el cuerpo del hombre y el de la mujer, el amor y los furores heroicos?

¿Habéis peregrinado al través de las costumbres efímeras y de los objetos del favor popular?

¿Os sentís capaces de resistir todas las seducciones las locuras, los torbellinos, las luchas salvajes? ¿Sois verdaderamente robusto?

¿Sois completa y verdaderamente del Pueblo?

¿No pertenecéis a un círculo? ¿A una escuela? ¿A una secta? ¿Estáis cansado de las críticas y de juicios que se emiten respecto de la vida? ¿Es la vida misma la que ahora os anima?

¿Habéis ido a fortificaros en las ubres maternales de estos Estados?

¿Poseéis la antiquísima y siempre joven indulgencia? ¿La viviente imparcialidad?

¿Sentís la misma simpatía para los que se encaminan a la endurecida madurez? ¿Por los recién nacidos? ¿Amáis igual a los pequeños que a los grandes? ¿Y a extraviados?

¿Qué traéis de nuevo a mi América?

¿Lo que aportáis, está de acuerdo con mi país?

¿Es algo que antes haya sido mejor dicho o hecho?

¿Es algo importado en algún barco de ultramar?

¿No será un cuento? ¿O rimas? ¿O bonituras?

¿Está contenida en ella la buena y vieja Causa?

¿No es algo que se ha cansado de golpear los talones de los poetas, de los políticos y de los literatos de la raza enemiga?

¿Lo que traéis afirma la existencia de cosas notoriamente desaparecidas de estas regiones?

¿Responde a universales necesidades? ¿Mejorará las costumbres?

¿Celebra, con voz tonante de trompetas, la orgullosa victoria de la Unión en la guerra del Norte contra Sur?

¿Lo que traéis resistirá la confrontación de las playas de la plena Naturaleza?

¿Podré asimilarlo como asimilo los alimentos y el oxígeno, logrando que renazca en mi fuerza, en mi andar, en mi faz?

¿Colaboraron en ello los oficios reales? ¿Más que simples copias son creaciones originales?

¿Tienen en cuenta los descubrimientos modernos, las capacidades y los hechos?

¿Qué significan para los individuos, para el progreso y las ciudades de América? ¿Para Chicago, el Canadá, el Arkansas?

¿Vislumbra detrás de los guardianes aparentes los verdaderos guardianes en actitud silenciosa y amenazadora? ¿Los obreros de Nueva York, del Oeste y del Mediodía, tan significativos en su apatía como la instantaneidad de sus afectos?

¿Considera el fracaso final, lo que ha acontecido siempre a todos los contemporizadores, chapuceros, prejuiciosas, alarmistas, escépticos, toda vez que han solicitado el concurso de la América?

¿Es alguna humorada, burlona y desdeñosa?

Sea lo que fuere, el camino está sembrado del polvo de los esqueletos,

Y los demás son despreciativamente arrojados lejos del camino.

Las rimas pasan junto con los miradores, lo mismo que los poemas calcados o sugeridos por otros poemas,

Pasan las multitudes reflejas, con sus bellas maneras, convertidas en cenizas,

Los admiradores, los importadores, los sumisos, los juglares, estiércol de las literaturas,

Dadle tiempo y la América se justificará a si misma;

Ningún disfraz logrará engañarla, su impasibilidad iguala su perspicacia,

Sólo irá al encuentro de aquellos que reconozca plasmados a su imagen;

Si aparecen un día sus poetas, no temáis que pueda equivocarse; sabrá reconocerlos.
(No los aceptará como suyos hasta que su país los haya absorbido tan amorosamente como ellos lo hubieran absorbido y espiritualizado.)

¿Qué importa el individuo si quien guía es el espíritu?
El más deleitoso es el que eterniza la dilección;
La sangre del fuerte que perdura está exenta de violencia;
Ya se trate de poemas, de filosofías, de óperas autóctonas, de artes navales o de otras empresas,
La grandeza personal habrá de ir aparejada a los más grandes y originales y prácticos ejemplos.

Una raza indolente que emerge en silencio, Y se muestra por las calles, Los labios del pueblo no saludan más que a los que *hacen,* aman, satisfacen o tienen un saber evidente;
Pronto concluirán los sacerdotes; su labor y su influjo han concluido;
En mi país la muerte carece de sorpresas, sólo la vida las tiene: incesantes, divinas;
¿Poseéis un cuerpo espléndido? ¿Vivís y procedéis con esplendidez? Si es así, espléndida será vuestra muerte, y después de muertos continuaréis siendo espléndidos;
La justicia, la salud, el alto aprecio de si, preparan la vía con una irresistible potencia;
¿Cómo es que os atrevéis a hacer pasar cualquier cosa antes que un hombre?

¡Estados, alineaos detrás mío!

He aquí un hombre—ante todo y ante todos—, un hombre típico como yo.

Dadme el pago que me corresponde,
Dejadme cantar los cantos de la Gran Idea, y tomad lo demás;
He amado la tierra, el sol, los animales, he desdeñado la riqueza.
He dado limosna a cuantos me la han pedido, he defendido a los imbéciles, a los torpes, a los locos; he repartido mi bolsa, mi trabajo y mi corazón.
He odiado a los tiranos, no he discutido, acerca de dios, He sido paciente y tolerante con el pueblo,
No me he descubierto ante lo conocido ni ante lo desconocido,
He andado libremente con los seres poderosos e incultos,
Con los pequeños, con los humildes y con las madres de familia,
Me he leído estos cantos, a mí mismo, en pleno aire; los he puesto a prueba frente a los árboles, a los astros y a los ríos;
He rechazado todo lo que ofendía mi alma o ensuciaba mi cuerpo,
Jamás he reclamado nada para mí que no lo hubiere escrupulosamente reclamado para los demás.

He ido de las ciudades a los campos, he ido de los campos a las ciudades, aceptando por compañeros hombres oriundos de todos los Estados
(Más de un soldado moribundo exhaló su postrer suspiro apoyado contra mi pecho, Esta mano, este brazo, esta voz, han alimentado, consolado, restablecido, muchos cuerpos postrados);

Esperaré que vayan comprendiéndome, A medida que crezca la simpatía hacia mi persona, Sin rechazar a nadie, aceptando a todos.

(¿Di, ¡oh Madre! no he sido siempre fiel a tus designios?
¿No os he tenido presentes a ti y a los tuyos durante todos los días de mi vida.

Juro que comienzo a percibir el sentido de estas cosas; La grandeza no radica en la tierra ni en la América, El grande soy yo, o estoy en vías de serlo, sois vosotros, quienquiera que seáis;
La grandeza consiste en recorrer rápidamente las civilizaciones, los gobiernos, las teorías, En recorrer los poemas, las pompas, los espectáculos, en suscitar individualidades.

Detrás de las cosas y de sus apariencias existen los individuos.
Cuanto ignora o simula ignorar a los individuos carece de valor para mí,
El orbe americano reposa por completo sobre los individuos,
Toda la teoría del Universo remota infaliblemente en un solo individuo, en cualquiera, no importa quién.

(¡Madre! Amada de vuestro sentido implacable y sutil, con la desnuda espada en la diestra,
Os he visto al fin rehusaros a todo trato ambiguo, os he visto tratando directamente con los individuos.)

El origen, he ahí el fondo de todo;
Juro que me mantendré fiel

a mi naturaleza original, por pía o impía que sea;
Juro que nada me cautiva excepto la originalidad,
Los hombres, las mujeres, las ciudades, las naciones son bellas por lo que deben a su origen.

Lo esencial es la expresión del afecto que inspiran los hombres y las mujeres
(Ya estoy harto de las maneras débiles y mezquinas de expresar el afecto que mis semejantes me inspiran,
A partir de hoy expresaré a mi modo el afecto que siento rebosar en mí por los hombres y por las mujeres.)

Juro que exaltaré en mí cada una de las cualidades de mi raza.
(Decid lo que os plazca, yo afirmo que lo que más conviene a estos Estados son individuos cuyas maneras estimulen su audacia y su turbulencia sublimes.)

Detrás de la lección de las cosas, de los espíritus, de la Naturaleza, de los gobiernos, de las posesiones, descubro otras lecciones,

Detrás de todo, por encima de todo, para mí existe mi ser, para vos existe el vuestro (siempre la misma vieja monótona canción).

Como en un relámpago veo que esta América sólo existe para vos y para mí, Su potencia, su testimonio, sus armas lo constituimos vos y yo, Sus crímenes, sus mentiras, sus robos, sus deserciones están en vos y en mí, Su Congreso, sus funcionarios, sus capitolios, sus ejércitos, sus flotas somos vos y yo, Las infinitas gestaciones de sus nuevos Estados somos vos y yo, La

guerra (esa guerra tan sangrienta y sombría, esa guerra que en adelante quiero olvidar) somos vos y yo,
Lo natural y lo artificial somos vos y yo,
La libertad, el lenguaje, los poemas y los oficios somos vos y yo,
El pasado, el presente, el porvenir, somos vos y yo.

Yo no reniego, no sabría renegar de ningún aspecto de mi ser,
Ni de ninguna zona o característica, buena o mala, de la América;
No sabría ni podría sustraerme a la necesidad de edificar para aquel mismo que edifica para la humanidad, Equilibrar los rangos, las jerarquías, los temperamentos, los credos y los sexos, Justificar la ciencia y el progreso de la igualdad, Fortificar la sangre del poderoso favorito del tiempo.

Amo entre todos y soy de los que nunca han sido domeñados, De los hombres y de las mujeres cuyo carácter nunca ha sido domeñado,
De aquellos a quienes las teorías, las leyes, las convenciones, jamás podrán domeñar.

Estoy con los que avanzan de frente por toda la tierra, con los que renuevan el hombre a fin de renovar todos los hombres.

Yo no quiero dejarme intimidar por ninguna de las cosas irracionales,
Quiero penetrarlas de humanidad, quiero volver contra ellas sus más agudos sarcasmos,
Quiero que las ciudades y las civilizaciones respeten la esencia de mi persona,

He ahí lo que he aprendido en América, he aquí la *summa* poética que a mi vez enseño.

(¡Oh democracia! mientras de todas partes millones de armas se aguzaban contra tu pecho,
Te he visto, serenísima, parir inmortales hijos,
Y con tu inmenso manto, rival del sol, empollando el mundo.)

Sí, yo contrastaré los espectáculos del día y de la noche,
Veré si debo serles inferior,
Veré si no poseo tanta majestad como ellos,
Veré si no soy tan sutil y real como ellos,
Veré si carezco de sentido cuando hasta las casas y los vapores lo tienen,
Veré si los peces y las aves deben bastarse a sí mismos y si yo no debo bastarme a mí mismo.
Pongo mi espíritu en uno de los platillos de la balanza y en el otro el vuestro, árboles, plantas, montañas, animales;
Por ingentes que seáis, a todos os absorbo en mí, y me convierto en vuestro amo.
La América aislada y que no obstante lo encarna todo, ¿qué es fuera de mí mismo?
Estos Estados, ¿qué son exceptuándome a mí?

Ahora sé por qué la tierra es grosera, martirizadora, malvada; es por mí;
Formas rudas y terribles, os acepto y os elijo especialmente para haceros mías.

Madre, inclina hacia mí tu faz, Ignoro qué finalidad persiguen estas confabulaciones, estas guerras, estos retardos,

Ignoro cuál será el resultado del goce; sólo sé que a través de las guerras, de los crímenes, de las incertidumbres, tu obra continúa y continuará.

Así a orillas de Ontario azul,

Mientras los vientos me acariciaban y los ondas se atropellaban hacia mí,

Temblando de potencia y arrebatado por el encanto de mi tema,

Los mortales tejidos que me retienen parecieron romperse dentro de mí...

Y vi las almas libres de los poetas, Los más sublimes bardos de las edades pasaron ante mí, Hombres grandes y extraños, adormecidos de largo tiempo atrás, ocultos para todos, se revelarán a mis ojos.

¡Oh! extasiadas estrofas, trémulos llamados míos, no os burléis de mí!

No os he clamado para invocar los bardos que fueron,

Para que esos sublimes bardos vinieran a orillas del Ontario,

Atraídos por el salvajismo de mi canto.

Los bardos que invoco están aún por nacer (mi país los aguarda, Ahora que la guerra ha concluido, y el campo está desbrozado),

Los aguarda para que entonen marchas cada vez más triunfales, marchas de «Excelsior» y de vanguardia,

Y para confortar, ¡oh madre! tu alma inmensa en la esfera.

¡Bardos de la Gran Idea! ¡Bardos de las invenciones de la paz! (¡Pues la guerra ha concluido!)

¡Bardos de ejércitos latentes, de millones de soldados en expectación, prontos a toda hora!

¡Bardos cuyos himnos parecerán nacidos de carbones ardientes o los zigzagueantes surcos del relámpago!

¡Bardos del amplio Ohio, del Canadá, bardos de la California, bardos del interior, bardos de la guerra!

Mi canto es para vosotros, y para vosotros mi es invocación.

A un revolucionario europeo vencido

¡Valor, a pesar de todo, hermano o hermana mía!
Obstinaos siempre; la Libertad exige nuestro esfuerzo, suceda lo que suceda;
Poca cosa es quien se doblega ante uno o dos fracasos o ante muchos desastres,
El que se descorazona ante la indiferencia o la ingratitud del pueblo, o ante cualquier deslealtad,
O ante los bandidos que se apoderan del poder,
Ante los cañones, los soldados y los códigos penales.

Aquello en que creemos continúa en invisible y perpetua espera, a través de todos los continentes,
No invita a nadie, no promete nada, permanece en la luz o en la sombra, positivo dueño de sí, ajeno al temor y al descorazonamiento, Aguardando pacientemente su día y su hora.

(¡Mis cantos no son solamente de lealtad; También son cantos de insurrección; Soy el poeta juramentado de todos los audaces y rebeldes de la tierra, Aquel que me acompaña deja detrás de sí la paz y la rutina...
Arriesga su vida a cada instante.)

La batalla arrecia, estremecida por múltiples y por contagiosas alarmas, por furiosas cargas y frecuentes retiradas, El filisteo triunfa o se imagina que triunfa,
Las prisiones, los cadalsos, las horcas, los grilletes, las balas... no están ociosas, Los héroes conocidos o anónimos pasa a otros mundos, Los grandes oradores y escritores son desterrados, vegetan roídos de amargura y de nostalgia en tierras lejanas,

La *Causa* dormita, las más potentes gargantas se sienten, Como si su propia sangre las ahogara, Y los jóvenes, al encontrarse, bajan sus miradas; A pesar de todo ello, la Libertad no ha abandonado su puesto ni el filisteo goza la plenitud de su victoria.

Cuando la Libertad abandona un lugar no es la primera en abandonarlo, ni la segunda, ni la tercera,
Aguarda que todos se hayan ido y sale defendiendo su retirada.

Cuando ya no subsista ningún recuerdo de los mártires y de los héroes,
Cuando todas las vidas y las almas de los hombres y de las mujeres hayan sido desterradas de cualquier región de la tierra,
Sólo entonces la Libertad (o la idea de la Libertad será) desterrada de esa región,
Y el filisteo disfrutará la plena posesión de su victoria.
¡Valor, pues, insurrecto o insurrecta de Europea!
No debéis reposar hasta que todo se haya consumido.

Ignoro cuál sea vuestra misión (yo mismo no sé por qué estoy aquí ni por qué existen las cosas),
Empero me esforzaré cuidadosamente en aclarar dichos enigmas, aun vencido como vos lo estáis ahora,
Hasta en la derrota, en la pobreza, en la hostilidad, en la prisión, pues también hay grandeza en tales trances.

¿Pensábamos que la victoria es grandiosa?

En efecto, lo es; pero ahora se me ocurre que la derrota,
Cuando sobreviene irremediable, también es grande,
Que la sepultura y la muerte también son grandes.
¡Que hay tanta grandeza en cada derrota!

Canto del Sequoia

¡Un canto de California! Una sugestión y una profecía indirectas, un pensamiento inasible y respirable como el aire,

Un coro de dríadas que se desvanecen o de hamadriadas que se alejan;

Una voz titánica y murmurante, una voz fatídica surgida de la tierra y del cielo,

La voz de un árbol gigante que muere en la espesa selva de sequoias:

«Adiós, hermanos míos; Adiós, tierra y cielo; adiós, aguas vecinas; Ha llegado mi hora, la hora de mi fin.»

A lo largo de la costa nórdica, Hasta más acá de la ribera rodeada de rocas y de grutas, En el aire salino que llega del mar, Con el sordo y ronco susurro de las ondas a modo de acompañamiento, Con el repiqueteo de los hachazos de musicales resonancias —de las hachas movidas por fuertes brazos—, He oído al majestuoso árbol cantar su canto de muerte.

Los leñadores no lo han oído, las tiendas de los campamentos no han devuelto sus ecos;

Los conductores de oreja fina no lo han oído,

Ni los que manejan las cadenas de arrastre, ni los aserradores,

A pesar que los espíritus del bosque salidos de sus cuevas milenarias corearan el canto funeral,

Pero yo en mi alma lo he oído claramente resonar.

Cayendo en murmurios de sus hojas miradarias,

De su copa altiva enseñoreándose a sesenta metros de la tierra,

De su tronco y de sus ramas reventando de robustez, de su corteza ancha como una muralla,

Vibró este canto en el que revivían las estaciones y el tiempo, este canto preñando de pasado y de porvenir:

«Vida mía, que nadie ha relatado, Y vosotras, alegrías inocentes y venerables, Vida inagotable y audaz con sus encantos bajo las lluvias y los soles de tantas estaciones, Y la blanca nieve, y las noches, y los locos vientos. ¡Oh las grandes alegrías rudas y pacientes, las plenas alegrías de mi alma, indiferentes al hombre

(Pues habéis de saber que yo también tengo un alma, yo también estoy dotado de conciencia, de identidad,

Y todas las rocas y todas las montañas tienen la suya, lo propio que toda la tierra);

Alegrías de la vida adecuadas a mi ser y al de mis hermanos;

¡Nuestra hora ha sonado, ha llegado nuestro fin!»)

«Pero no desaparecemos lúgubremente, majestuosos hermanos,

Nosotros que hemos llenado noblemente nuestra existencia, Con la serena conformidad de la Naturaleza, con una inmensa y silenciosa alegría.

Saludamos a aquellos para quienes hemos trabajado desde el fondo del pasado,

Y les cedemos nuestra parte de sol.»

«Por ellos, anunciados desde hace tanto tiempo,

Por una raza más grande que a su vez llenará noblemente su existencia, Por ellos abdicamos y en ellos sobrevivimos, ¡oh rey de la selva!

Para ellos serán este cielo y estos aires, estos picos de montañas, el Shasta, las Nevadas,

Estas moles roqueñas, hendidas de precipicios enormes, esta amplitud, estos valles, el Joesmita lejano;

Absorbidos y asimilados por ellos.»

«Luego, creciendo sus acentos, El canto se elevó, más fiero, más extático, Como si los herederos, las divinidades del Oeste, Uniendo sus altaneras voces participaran en él,

No están pálidas de haber reflejado los ídolos del Asia, Ni rojas de la sangre vertida en los viejos mataderos dinásticos de Europa

(Dominio de celadas de asesinos, preparadas por los tronos, con miasmas de guerra y de cadalso que flotan todavía por doquiera),

Sino emergidas de los largos e inocentes partos de la Naturaleza, y pacíficamente sedimentados desde entonces,

Estas vírgenes tierras, estas tierras de las riberas del Oeste,

Que al hombre nuevo que se yergue, a ti, nuevo imperio,

A ti, anunciado desde hace tanto tiempo, damos en rehenes y consagramos.»

«Vosotras, profundas y ocultas voluntades,

Tú, hombre espiritual y común fin de todo, equilibrado sobre ti mismo, dando leyes sin recibirlas de nadie;

Tú, mujer divina, soberana y fuente de todo, de la que surgen la vida y el amor y todo lo que emana de la vida y del amor,

Tú, invisible esencia moral de todas la vastas materialidades de la América (las edades tras las edades laboran en la muerte tanto como en la vida),
Vosotros, que a veces conocidos y las más de las veces desconocidos, plasmáis y moldeáis el Nuevo Mundo ajustándolo al tiempo y al espacio;
Tú, voluntad nacional oculta en el fondo de tus abismos, invisible, por siempre atenta,
Vosotros, designios del pasado y del presente, continuados con tenacidad, acaso sin tener conciencia de vosotros mismos,
Que todos los errores pasajeros y las perturbaciones de la superficie no han podido apartaros de vuestra vía;
Vosotros, gérmenes vitales, universales, inmortales, que estáis en el fondo de todos los credos, artes, códigos, literaturas,
Construíd aquí vuestros hogares, estableceos aquí guerreramente,
Todos estos dominios, estas tierras de las riberas del Oeste, os las damos en rehenes y os las consagramos.»

«El hombre que surja de vosotros, el hombre de vuestra raza característica,
Aquí puede crecer osado, puro y gigantesco, aquí puede culminar con las proporciones de la Naturaleza,
Aquí puede escalar los vastos y límpidos espacios,
Sin sentirse encerrado por los muros y los techos,
Aquí puede reír con la tempestad y el sol, exaltarse y endurecerse pacientemente,
Aquí puede no preocuparse más que de sí, aquí puede expandirse (sin restricción ante ajenos formulismos), aquí puede colmar su existencia
Para caer a su hora, luego de cumplir sus funciones (olvidado al fin) y desaparecer y servir.»

Así, a lo largo de la costa nórdica, Entre los ecos de la llamadas de los conductores, el sonar de las cadenas y la música de las hachas de los leñadores, El estruendo de los troncos y de las ramas que se abaten con un grito ensordecedor y un gemido,

Oí esas palabras caer del espacio como si voces extáticas añejas, temblorosas, se fundieran en una sola,

Como si las dríadas, invisibles y centenarias, cantaran retirándose,

Abandonando sus retiros de los bosques y de las montañas,

De la cadena de la cascada hasta Wahsatch, el Idao lejano y el Utah, Cediendo su puesto a las modernas divinidades, Así sorprendí en los bosques del Mendocino, Ese coro y esas sugestiones, la visión de la humanidad futura, establecimiento de los colonos y todas sus características

Deslumbrante y dorada, la California irradia su esplendor, Muestra su drama súbito y opulento, la amplitud de sus asoleadas tierras, Su variada extensión desd el Estrecho hasta el Colorado, Sus tierras que baña un aire más puro, más precioso y más sano, sus valles y las rocas de sus montañas,

Preparados de largo tiempo atrás, los campos de la Naturaleza esperan en barbecho la silenciosa y cósmica química,

Lentas y continuas las edades han sufrido, la desocupada superficie ha madurado, los ricos metales han ido lamiándose debajo,

Al fin llegan los nuevos, se arrogan la posesión de todo,

Una raza pululante y activa se instala y se organiza,

De todos los ámbitos de la redonda tierra llegan naves, y otras zarpan hacia todos los climas,
Hacia la India, hacia la China, y la Australia y los millares de islas paradisíacas del Pacífico;
Surgen ciudades populosas, dotadas de las invenciones más recientes, los vapores llenan los ríos, los locomotoras relampaguean por las vías férreas, llena los espacios el rumor de colmena de las prósperas granjas, se oye por todos lados la pulsación de las máquinas, batiendo la lana, el trigo, los racimos y el oro amarillo de las minas.

Pero yo creo más en vosotras que en todas esas cosas, tierras de las riberas del Oeste
(Esas cosas sólo son medios, herramientas, almácigos),
Veo en vosotras, segura para el porvenir, la promesa de millares de años
Que os fuera hecha para realizarse un día en nuestra raza.

Veo en vosotras la sociedad nueva proporcionada al fin, a la Naturaleza;
En el hombre que nazca de vosotras habrá más que los picachos de las montañas, más que en vuestros árboles imperiosos y potentes;
En la mujer, más, mucho más, en todo vuestro oro, y en vuestras viñas, y hasta en vuestro aire vital.

Recién venido en un mundo nuevo, pero preparado de largo tiempo atrás,
Veo el genio moderno, hijo de lo real y de lo ideal, desbrozar el terreno para una renovada humanidad,

La verdadera América, heredera del grandioso pasado,
La inmortal América, que abrirá sus brazos a los hijos de otras tierras,
La América libre, en cuya mirada no se posará la xenofobia,
La América pura, sin patrioterías,.
La América limpia, que será de todos
¡En marcha hacia un porvenir más grandioso!

Europa

En el año 72 y 73 de estos Estados (1848)

De pronto, del fondo de su cubil decrépito y soñoliento —cubil de esclavos—,
Rápida como centella, ha saltado, semiespantada de sí misma,
Pisoteando cenizas y andrajos, hasta estrangular las gargantas de los reyes.

¡Oh esperanza y fe! ¡Oh esas dolorosas agonías de los patriotas desterrados!
¡Oh tantos corazones empapados de desesperación!
¡Volved vuestras miradas a aquellos tiempos y luego concentraos!

Y vosotros, pagados para cegar al Pueblo, vosotros, mentirosos, oíd esto:
A pesar de las agonías, de los asesinatos, de los desenfrenos innumerables.
A pesar de los hurtos principescos en todas sus bajas formas, del roído salario del pobre que se deja robar ingenuamente,
A pesar de tantas promesas juradas y violadas por bocas regias,
A pesar de todos esos crímenes, las cabezas de los nobles no han sido segadas,
¡El Pueblo desdeña la ferocidad de los reyes!

Fue la dulzura de su piedad la que preparó su amarga ruina,

Los monarcas, vueltos de su fuga y de su terror, reaparecen de nuevo.

Reaparecen con gran pompa, precedidos por cortejos de verdugos, de sacerdotes, de cobradores de impuestos, de soldados, legistas, señores, carceleros y sicofantes.

No obstante, detrás de todas esas amenazas y latrocinios, una forma se eleva,

Vaga como la noche, cubierta la cabeza, la frente y el cuerpo en una vestidura escarlata de interminables pliegues,

Una silueta cuyo rostro y cuyas pupilas nadie ha podido ver;

Fuera de su manto, de su manto rojo soliviantado por uno de sus brazos, aparece esto:

Un índice simbólico por encima de la cabeza, un dedo encorvado que es como la cabeza de un áspid.

Entretanto, en fosas recién abiertas despostan cadáveres, cuerpos ensangrentados de hombres en plena juventud;

La cuerda de la horca pende pesadamente, las balas de los reyes silban en los aires, los poderosos ríen a carcajadas:

¡Y todas estas cosas maduran sus frutos, todas estas cosas son buenas!

Esos cadáveres de jóvenes,

Esos mártires que oscilan en las horcas, esos corazones atravesados por las balas,

Por fríos e inmóviles que parezcan reviven en otros seres, con una vitalidad más fuerte que las cuerdas y las balas.

Reviven en otros jóvenes, ¡oh reyes!

Reviven en hermanos prestos de nuevo a desafiaros;
Purificados por la muerte, instruidos y exaltados.

Ni una fosa de los que mueren asesinados por la tiranía deja de fecundar una simiente para la libertad, la cual a su vez madurará millares de simientes
Que los vientos esparcen y siembran a lo lejos, que las lluvias y las nieves fecundan.

¡Ningún espíritu puede ser arrancado de su envoltura carnal por las armas de los tiranos, sin que invisiblemente recorra toda la tierra, murmurando, aconsejando, advirtiendo!

¡Libertad, que otros desesperen de ti, yo jamás desesperaré de ti!

¿Han cerrado la casa? ¿El amo está ausente?
Aguardad, no os canséis de mirar:
¡Pronto estará de vuelta; sus mensajeros no tardarán en llegar!

Una hora de alegría y de locura

¡Una hora de alegría y de locura! ¡Oh furiosa alegría! ¡Oh, no me retengáis!
Corazón de las tempestades, ¿qué es lo que late en ti para desencadenarte en mi ser de esta suerte?
¿Qué son mis clamores en medio de los relámpagos y de los vendavales?
¡Ah! ¡Beber el delirio místico más que hombre alguno!
¡Congojas tiernas y salvajes! (¡Os las dejo en herencia, hijos míos!, Os las narro por muchos motivos, ¡oh esposo y esposa!)

¡Oh, abandonarse a vos, quienquiera que seáis! ¡abandonaros a mí, con desprecio del mundo!
¡Oh la vuelta al paraíso! ¡Oh, la femenina y la tímida!
¡Oh atraeros hacia mí, imprimir en vuestra boca virgen los labios de un hombre resuelto!
¡Oh, el enigma, el triple nudo, el estanque negro y profundo, todo lo que se desanuda y se ilumina!
¡Oh, abalanzarse en busca de espacio y de aire!
¡Libertarse de los lazos y de las convenciones anteriores, yo de los míos, vos de los vuestros!
¡Hallar una despreocupación nueva, in-imaginada, capaz de poner a prueba la mayor fortaleza!
¡Desenmordazarse la boca!
Tener el sentimiento —hoy o cualquier otra día— de que me basto a mí mismo, tal como soy.

¡Sentir algo no sentido aún! ¡En espasmo, en angustia, en éxtasis!

¡Escapar íntegramente de las anclas y de los garfios ajenos!
¡Bogar libremente! ¡Amar libremente! ¡Abalanzarse temerario y amenazador!
¡Buscar la destrucción!, insultándola, invitándola!
¡Subir, cernerse en el mediodía del amor como en una revelación!
¡Volar con el alma ebria!
¡Perderse si es necesario!
¡Alimentar el resto de mi vida con una sola hora de plenitud y de libertad!
¡Con una breve hora de locura y de felicidad!

Canto el cuerpo eléctrico

Canto el cuerpo eléctrico,
Los ejércitos de aquellos que amo me circundan y yo los circundo,
No me dejan partir, quieren mi compañía y mi respuesta,
Quieren ser purificados y ennoblecidos con confidencias del alma.

¿Os habéis preguntado si los que corrompen su cuerpo puede ocultarse?
¿Si los que deshonran cuerpos vivientes no son tan criminales como los que deshonran muertos?
¿Si el cuerpo no desempeña exactamente las mismas funciones que el alma?
Pues si el cuerpo no es el alma, ¿qué es el alma?

El amor del cuerpo humano desafía toda descripción, el cuerpo mismo desafía toda descripción,
El del hombre es perfecto, el de la mujer es perfecto.

La expresión del rostro supera toda descripción,
La expresión de un hombre gallardo no se manifiesta en su rostro solamente,
Se revela en sus miembros y en sus movimientos, en sus caderas y en sus muñecas,
Se revela en su andar, en la actitud de su cabeza, en su talle, y en sus rodillas —su traje no la oculta—,
La índole dulce o fuerte que le caracteriza atraviesa el algodón y la lana,
Verle pasar impresiona tanto como el más grande de los poemas, acaso más;

Cautiva contemplar su espalda, su nuca y el doble reposo rio de sus hombros.

Los rollizos infantes que gatean, el pecho y la cabeza de las mujeres, los pliegues de sus vestidos, sus actitudes al ir por las calles, la línea longitudinal de sus siluetas,
El nadador desnudo a flor de agua, hendiendo el verde lúcido y transparente, o extendido de espaldas mecido en silencio por el agua que solivianta,
El doblarse hacia adelante y hacia atrás de los remeros en la canoa, el caballero en su silla,
Las jóvenes, las madres, las caseras, en todas sus ocupaciones,
El grupo de trabajadores sentado al mediodía alrededor de sus meriendas, y sus mujeres que esperan,
La mujer que adormece a un niño, la hija del campesino en el jardín o en la huerta o el establo de la granja,
El mocetón desgranando maíz, el cochero del trineo conduciendo sus tres yuntas de caballos a través de la multitud,
Episodios de un asalto entre luchadores aprendices jóvenes, vigorosos, que al declinar el día después de concluir su faena arrojan por tierra sus sombreros y sus blusas, se entrelazan sin maldad, en un abrazo lleno de cariño y de resistencia,
Se cogen por debajo o por encima del talle mientras sus desordenados cabellos caen sobre sus ojos cegándolos;
El tránsito de los bomberos, el juego de los músculos viriles que se dibuja a través de sus ceñidos pantalones y de sus talles
Su vuelta después del incendio, cuando se detienen de pronto al oír resonar de nuevo la campana de alarma,

La naturalidad, la diversidad, la perfección de sus actitudes, con el cuello y la cabeza inclinadas,

Yo adoro todo eso, me engrandezco, me diversifico; estoy con el niño en el pecho de su madre, nado con los nadadores, lucho con los luchadores, marco el paso con los bomberos, y como ellos me detengo, escucho y reflexiono.

Conocí un hombre, un simple campesino padre de cinco hijos,

Padres éstos de hijos venideros, los cuales a su vez serían padres de otros hijos.

El vigor, la belleza corporal, la calma de aquel hombre eran prodigiosos,

El contorno de su cabeza, la blancura de sus cabellos y de su barba, la insondable expresión de sus ojos negros, la riqueza y la amplitud de sus maneras,

Todo era admirable, y yo solía ir a verle para admirarlo; Era tan majestuoso como prudente,

Tenía seis pies de alto, más de ochenta años,

Sus hijos eran macizos, intactos, barbudos, de rostros curtidos, espléndidos,

Era tan adorado por sus hijos como por sus hijas,

Cuantos le veían lo amaban,

No lo amaban por consideración, lo amaban con un afecto realmente personal,

No bebía más que agua, la sangre fluía escarlata bajo la piel morena y clara de su faz;

A menudo, cuando iba de caza, de pesca, él mismo timoneaba su barco, un bello barco que le había regalado un constructor amigo,

Cuando iba de caza o de pesca en compañía de sus cinco hijos y de sus numerosos nietos se le reconocía entre todos como el más bello y el más fuerte;

Sentíais deseos de permanecer largo tiempo a su lado, de oírle, de mirarle, de tocarle mientras el barco avanzaba bajo su dirección.

Permanecer al lado de los que me agradan basta para hacerme feliz,

Pasar las tardes con ellos, disfrutar juntos de los anocheceres,

Sentirme rodeado de seres jóvenes, bellos, curiosos, rientes,

Andar entre ellos, rozarlos de tanto en tanto, pasar un instante mi brazo alrededor del cuello de éste o aquélla;

No pido otras alegrías, nado en ellas como en un mar de encantos, Estar rodeado de hombre y de mujeres, contemplarlos y ser contemplado por unos y otras; en su contacto y en sus exhalaciones hay algo que regocija el alma.

Muchas cosas agradan el alma, pero ésta agrada sobre todas.

Aparece la forma femenina,

Una divina aureola la circunda de la cabeza a los pies.

Atrae, con furiosa, irresistible atracción;

Sus hálitos me absorben como si fuera un impotente vapor: todo desaparece excepto ella y yo;

Libros, artes, religión, tiempo, la tierra visible y compacta, todo los que esperábamos del cielo, y lo que temíamos del infierno;

Emergen de ella filamentos de locura, indomables descargas eléctricas que suscitan en nosotros análogos reacciones, Cabellos, pechos caderas movimientos de las piernas, manos que penden con negligencia, temblorosas, mis manos que tiemblan al insinuar caricias,

Marea descendente brutalmente rechazada por las ondas: flujo azotado por el reflujo, carne de amor que palpita lancinante y gozosa,

Límpidos surtidores de amor, cálidos y torrenciales, trémula crema de amor, champagne hirviente y delirante,

Noche de amor del esposo, noche de horizontales asaltos cuerpo a cuerpo en la dulzura del amanecer,

En el día que consiste y se adelante a través de la revuelta cabellera sobre sus cuerpos y sus carnes olorosas.

He aquí el núcleo: después que el niño nace de la mujer, el hombre a su vez nace y renace en la mujer;

Este es el baño del nacimiento, la amalgama de lo ínfimo y de lo máximo, y la nueva salida.

No tengáis vergüenza, ¡oh mujeres! Vuestro ser contiene todo lo demás; sois oasis germinal, y *noche buena;* portal del cuerpo y portal del alma.

La mujer posee y combina todas las cualidades,

Se mueve en todas partes con astral equilibrio,

Es todas las cosas veladas, es pasiva y activa alternativamente,

Está hecha para concebir hijas tan bien como hijos, hijos tan bien como hijas.

Así como veo mi alma reflejada en la Naturaleza,

Como suelo ver a través de un velo de bruma un ser de indecible salud, belleza y plenitud, Veo a la mujer con la cabeza inclinada y los brazos cruzados sobre su pecho.

Igual y a semejanza de ella, el hombre es alma y ocupa su lugar,
El también posee todas las cualidades, es acción y es potencia,
La riqueza del Universo conocido está en él,
El desprecio le sienta bien,
los apetitos y la arrogancia le sientan mejor.

Las pasiones más vastas y fogosas, el máximum de la alegría y del dolor le vienen como de medida, el orgullo es todo suyo,
La exaltada altivez del hombre es un calmante y una gloria para el alma,
Ama la sabiduría, todo lo juzga con la medida de su individualidad,
Sea cual fuere la tierra que ha de mensurar, el océano y la barca, sólo aquí por fin sumerge la sonda.
(¿Dónde arroja la sonda fuera de aquí?)

El cuerpo del hombre es sagrado, sagrado es el cuerpo de la mujer,
Sea quien sea el poseedor, el cuerpo es sagrado; aunque se trate del cuerpo del más mísero de los parias,
O el de uno de esos inmigrantes de cara idiotizada que acaba de desembarcar,
Se halle acá o no importa dónde, sea rico o pobre, lo mismo yo que vos,
Cada uno y cada una tienen su sitio en el cortejo.
(Todo es cortejo; El Universo es procesional; avanza en un movimiento mesurado y divino.)
Quienquiera que seáis ¿sabéis acaso bastante como para tratar de ignorante al más cretino?
¿Pensáis tener más derecho que otro para ocupar un buen lugar?

¿Creéis que la materia ha ido solidificando sus brumas primitivas, que la tierra cubre su superficie, que el agua fluye y los vegetales crecen únicamente para vos, y no para éste o para aquélla?

Venden en subasta pública el cuerpo de un hombre
(Antes de la guerra, yo solía ir al mercado de esclavos a observar las ventas),
Yo ayudo al comisario rematador; el muy canalla ignora su negocio.

Señores, contemplad este prodigio;
Por grandes que sean las sumas ofrecidas, jamás podrán igualar su valor,
Para hacerlo tal cual es, el mundo ha ido preparándose durante quintillones de años sin que creciera una planta ni un animal,
Para hacerlo tal cual es, los ciclos y sus revoluciones se han desenvuelto fiel, continuamente.

En esta cabeza está el cerebro, el universal vencedor,
En él y debajo de él palpitan los materiales para crear héroes.

Examinad estos miembros, rojos, negros o blancos,
La destreza flexibiliza sus tendones y sus nervios,
Los desnudaremos para que podáis apreciarlos mejor.

Sentidos agudos, ojos vitalísimos, coraje, voluntad,
Bloque de músculos pectorales, espina dorsal y cuello flexibles,
Carne firme, brazos y piernas poderosas,
Y las maravillas que circulan dentro.

Dentro de estos tesoros visibles, la sangre fluye,
¡La misma vieja sangre! ¡La misma sangre roja!
Allí dentro, un corazón se hincha y se contrae, allí dentro yacen comprimidas todas las pasiones, todos los deseos, las tendencias, las aspiraciones
(¿Creéis que no existen porque no son formuladas en salones o en ateneos?)

Este que veis aquí no es solo un hombre, es el padre de otros cuyos hijos serán padres a su vez,
Es el punto de arranque de populosos Estados y florecientes Repúblicas,
Innumerables, inmortales, vidas surgirán de él, con sus encarnaciones y sus alegrías innumerables.

¿Pretenderéis saber desde ya los retoños que nacerán de sus retoños en los siglos de los siglos?
(¿De quién resultaréis descender, vosotros mismos, si pudierais remontar el curso de los siglos?)

En subasta pública venden el cuerpo de una mujer:
Tampoco ella es únicamente ella, es la madre fecunda de las madres,
Lleva en sí a los que se desarrollarán hasta ser los compañeros de las madres.

¿Nunca habéis amado el cuerpo de una mujer?
¿Nunca habéis amado el cuerpo de un hombre?
¿No habéis notado que éstos son iguales para todos, en todos los tiempos y en todas las naciones de la tierra?
Si existe algo sagrado, es el cuerpo humano, Lo que constituye la gloria de un hombre es la evidencia de una inmaculada virilidad,

Tanto en el hombre como en la mujer, un cuerpo sano, potente, musculoso, es la más bella faz.

¿Habéis visto al loco que prostituye su cuerpo?
¿O la loca que prostituye el suyo?
Ya sé que no se ocultan; y aunque quisieran... no podrían ocultarse.
¡Oh mi cuerpo! ¡Encarnación de mi alma!
Todas tus partes, todos tus aspectos, todas tus arbitrarias divisiones fisiológicas y anatómicas,
Deben mantenerse íntegras, totales, en mí, como en los demás,
Todas ellas, desde la cabeza a los pies, no sólo con las partes y los poemas del cuerpo,
Son los poemas y los aspectos visibles del alma,
Todos ellos constituyen el alma.

Poetas venideros

¡Poetas del porvenir! ¡Oradores, cantantes, músicos del porvenir!
No es el día de hoy quien debe justificarme, y expresar por qué estoy aquí,
Sois vosotros los de la raza nueva, autóctona, atlética, continente más grande que todas las razas conocidas hasta la fecha.
¡Levantaos! ¡Es necesario que me justifiquéis!

Yo no hago más que escribir una o dos palabras futuristas, Me limito a adelantarme un instante para retornar de prisa a las tinieblas.

Soy un hombre que, paseando sin detenerse en parte alguna,
Arroja una mirada hacia vosotros y luego vuelve el rostro,
Dejándoos el cometido de explicarla y de definirla,
Reservándoos lo fundamental.

Cuando leí el libro

Cuando hube leído la célebre biografía
Cerré el libro y me dije: «¿Es esto lo que el autor llama una vida de hombre?
¿Alguien escribirá así mi vida después que yo haya muerto y desaparecido?
Como si hubiera alguno que realmente supiera algo de mi vida,
Cuando yo mismo a menudo pienso que no sé nada
O poco menos que nada de mi vida real,
Salvo algunos chispazos entrevistos de vez en cuando,
Que para mi propio uso trato de recordar aquí.»

Un canto de alegrías

¡Oh, hacer el canto más desbordante de alegría!
¡Lleno de las ocupaciones comunes, lleno de árboles y de simientes.

¡Oh, animarlo con los gritos de los animales, con la celeridad y el equilibrio de los peces!
¡Anegar sus estrofas con primaverales gotas de lluvia!
¡Estremecerlo todo con el movimiento de las olas y la presencia del sol!
¡Oh la alegría de mi espíritu aleteando lejos de su jaula!
¡Miradle hendir el espacio como un relámpago!
No me bastan este mundo y estos tiempos.
¡Quiero millones de mundos y la totalidad de los tiempos!

¡Oh las alegrías del maquinista! ¡Volar sobre una locomotora!
¡Oír todos los tonos del vapor; el grito penetrante y gozoso, el gran silbido, las locas risotadas!
¡Soltar los frenos con ímpetu irresistible, abalanzarse a toda velocidad!

¡Oh paseos encantadores por campos y collados!
Las hojas y las florecillas de las hierbas más comunes, el fresco y húmedo silencio de los bosques,
La deliciosa fragancia de la tierra, el amanecer y durante toda la mañana.

¡Oh las alegrías del caballero y de la amazona!

Galopar apoyados firmemente, en la silla, gozando con el aire fresco que os azota, murmurando, las orejas y los cabellos.

¡Oh las alegrías del bombero!
¡Oigo la señal de alarma en mitad de la noche!
¡Oigo los gritos, las campanas! ¡Hiendo la multitud, me precipito hacia el foco ardiente!
¡La vista de las llamas me enloquece de placer!

¡Oh la alegría del atleta de sólidos músculos, que se presenta en medio de la palestra, consciente de su potencia, ansioso de vencer a su adversario!

¡Oh la alegría de esa vasta y elemental simpatía que el alma humana es la única capaz de engendrar en ondas constantes e ilimitadas!
¡Oh las alegrías maternales!
Las veladas, los insomnios, la paciencia, la angustia, el precioso amor, el heroísmo del alumbramiento.

¡Oh la alegría de crecer, de restablecerse,
La alegría de calmar, de pacificar, la alegría de la concordia y de la armonía!

¡Oh retornar a las tierras natales!
Para oír cantar los pájaros en los nidos de antaño,
Para recorrer de nuevo la casa y el establo, la huerta y los campos,
Para hollar una vez más los viejos caminos.

¡Oh haber crecido a orilla de las bahías, de las lagunas y caletas o a lo largo de la costa!
Seguir viviendo y trabajando allí toda la vida;

Gozar de los relentes húmedos y salinos, de los arenales, de las hierbas marinas, que se asolean en los bajamares;

Contemplar la faena de los pescadores, el pescador de anguilas, el pescador de gaburones;

Yo también vengo con mi azada y mi rastillo en busca de gaburones, vengo con mi guadaña para coger anguilas,

En la baja mar me uno a los rastreadores de conchas que recorren las playas,

Con ellos trabajo bromeando y riendo al igual de los jóvenes más risueños;

En invierno cojo mi cesto de guardar anguilas, mi garduña y mi hachilla de agujerear de hielo, y me pongo en marcha a pie sobre el agua helada;

Miradme partir alegremente o regresar al atardecer, reciamente abrigado, en compañía de curtidos compañeros,

De viriles y de adolescentes compañeros cuyo mayor encanto es estar a mi vera,

De día, para trabajar conmigo, de noche, para dormir a mi lado.

Otras veces, en verano, zarpo con los vapores que van a la pesca de langostas de mar,

¡Oh las delicias de las madrugadas de Mayo, remando entre los flotadores que señalan la ubicación de los canastos retenidos en el fondo del agua mediante gruesas piedras!

Me veo izando oblicuamente los canastos de mimbre en cuyo interior las langostas verdinegras se agitan desesperadamente al ser extraídos de su elemento,

Introduzco clavijas de madera en la abertura de sus uñas;

Recorro así todas las playas, en seguida remo hacia la costa,
Donde, en una vasta olla llena de agua hirviente, las langostas son cocidas hasta ponerse escarlatas.

¡Oh navegar por los ríos!
Descender el San Lorenzo, gozando la visión soberbia del paisaje, los vapores que van y vienen,
Las mil islas, las almadías cargadas de maderas que pasan de tanto en tanto, los almadieros con sus inmensos remos,
Las pequeñas cabañas de las almadías con el penacho de humo que se eleva de ellas al anochecer cuando preparan la cena.

(¡Oh dadme algo pernicioso y terrible!
¡Algo distinto de toda vida mezquina y devota!
¡Algo no probado todavía! ¡Algo nuevo en un éxtasis!
¡Algo arrancado del anclaje y que flote libremente!)

¡Oh laborear en las minas, o forjar el hierro!
La coladura de la fundición, la fundición misma, su alta y tosca techumbre, el ancho espacio abrigado,
La hornalla, el líquido hirviente que vierten y se derrama.

¡Oh revivir las alegrías del soldado!
¡Sentir la presencia de un bravo oficial que manda sentir su simpatía!
¡Ver su calma, calentarse al calor de su sonrisa!
Marchar a la batalla, oír el estridor de los clarines y el redoblar de los tambores, ¡Oír el estruendo de la artillería, ver la bayonetas y los cañones de los fusiles relampagueando al sol!

¡Ver a los hombres caer y morir sin quejarse!
¡Sentir el gusto salvaje de la sangre, ser un demonio!
¡Oh las alegrías del ballenero! ¡He aquí que renuevo mis viejos cruceros!
Siento debajo de mis pies el movimiento de la nave, las brisas del Atlántico me abanican;
Oigo de nuevo el grito arrojado de lo alto del mástil: *¡—Allá sopla!*
De nuevo subo a los obenques para mirar con los demás, en seguida descendemos como locos,
Salto a la embarcación que han botado al mar; remamos hacia el punto donde se halla nuestra presa,
Nos aproximamos furtiva y silenciosamente, veo la mole montañosa sumergida en un sopor letárgico,
Veo al arponero de pica, veo el arma partir como una centella de su robusto brazo;
Veo rápidamente en la lejanía del océano, la ballena herida que se hunde y nada a favor del viento, remolcándonos de nuevo,
La vuelvo a ver emergiendo para respirar, de nuevo remamos hacia ella,
Veo la lanza que hunden en su mole, que tornan a hundir, agrandando la herida,
De nuevo nos alejamos apresuradamente, la veo sumergirse otra vez, agónica ya,
Veo la sangre que anzoja al reaparecer de nuevo, la veo nadar en círculos de más estrechos, cortando vivamente al agua;
La veo morir, De un salto convulsivo, en el centro del círculo, vuelve a caer alargada e inmóvil entre la espuma enrojecida de sangre.
¡Oh mi vejez, la más noble de mis alegrías!
¡Mis hijos, mis nietos, mis barbas y mis cabellos blancos!

¡Mi amplitud, mi calma, mi majestad, coronamiento de mi larga vida!

¡Oh alegría de la madurez femenina! ¡Oh felicidad al fin lograda!

Tengo más de ochenta años, soy la más venerable de las madres.

¡Que claridad la de mi cerebro! ¡Que universal respeto hacia mi persona!

¿En qué consistirá esta fuerza de atracción, superior a todas mis fuerzas anteriores? ¿Qué flor de vejez es esta, superior a la flor de la juventud?

¿En qué consiste esta belleza que desciende sobre mí y de mí se eleva, cautivando a todos?

¡Oh las alegrías del orador!

Dilatar el pecho, aventar de sus pulmones y de su garganta el mágico trueno de la voz,

Inflamar al pueblo con la furia que le exalta, hacerle llorar, odiar, desear.

Adoctrinar el Continente, domar la América con su lengua potente.

¡Oh la alegría de mi alma en equilibrio sobre ella misma, recibiendo la identidad por intermedio de las cosas materiales, observando los tipos, absorbiéndolos, amándolos!

Mi alma que vuelve hacia mí en las vibraciones que me transmitió por los ojos, por los oídos, por el tacto, por la razón, la pronunciación, las similitudes y la memoria;

La vida real de mis sentidos y de mi carne sobrepuja mis sentidos y mi carne,

Mi cuerpo no quiere oír hablar de las materialidades,
ni mi vista de mis ojos materiales;
Ahora poseo la incontestable prueba de que no son
mis ojos materiales los que perciben,
De que no es mi cuerpo material el que ama, anda,
ríe, grita, acaricia y procrea.

¡Oh las alegrías del campesino!
Las alegrías del campesino del Ohío, del Illinois, del
Wisconsin, del Canadá, del Iowa, del Kansas, del
Missouri, del Oregón!
Levantarse al amanecer y entregarse en seguida a sus
faenas;
Labrar la tierra en otoño para sembrar los trigos
invernales;
Labrar la tierra en la primavera para la siembra del
maíz,
Cuidar las huertas, podar los árboles, coger las
manzanas otoñales.
¡Oh bañarse en una piscina de natación o en una
limpia ensenada a lo largo de la costa!
¡Salpicar el agua! ¡Andar por la arena hundiéndose
hasta los tobillos, correr desnudo a lo largo de la playa!

¡Oh concebir el espacio!
La superabundancia de todo, la inconmensurabilidad
de todo;
Elevarse mezclándose al firmamento, al sol, a la luna
y a las nubes fugitivas, como si se formara parte del
ellas.
¡Oh la alegría de sentirse viril!
No inclinarse ante nadie, no sentir miramientos, no
preocuparse por ningún tirano conocido o desconocido,
Caminar erguido, con pasos ágiles y elásticos,

Mirar con serena mirada o en relampagueantes ojeadas, Hablar con voz plena y sonora surgiendo de un amplio cofre,

Confrontar vuestra personalidad con las demás personalidades de la tierra.

¿Conoces las admirables alegrías del adolescente?

¿La alegría de los compañeros queridos, de las palabras gozosas y de las caras risueñas?

¿La alegría del día irradiando felicidad y luz, la alegría de los juegos en los que se respira con amplitud?

¿La alegría de las músicas arrebatadoras, la alegría de las salas de baile, bajo cuyo esplendor luminoso giran las parejas danzantes?

¿La alegría de las comidas abundantes, de las fiestas familiares y de las embriagueces?

Sin embargo, ¡oh alma mía! ¿Conoces las alegrías del pensamiento y sus ardientes tristezas?

¿Las alegrías del corazón libre y abandonado, del corazón tierno y amargado?

¿Las alegrías del paseo solitario, del espíritu inclinado pero altivo, del sufrimiento, del combate?

¿Las agonías de la lucha atlética, los éxtasis, la alegría de las meditaciones solemnes durante días y noches?

¿Las alegrías del pensamiento de la muerte, de las grandes esferas del Tiempo y del Espacio?

¿Las alegrías proféticas pensando en mejores, en más elevados ideales de amor, en la divina esposa, en el camarada puro, eterno, perfecto?

Alegrías que te pertenecen ¡oh imperecedera! alegrías dignas de ti, ¡oh alma!

¡Oh! ¡Mientras exista, seré el amo de la vida, no su esclavo!
¡Afrontar la vida como potente conquistador!
Sin irritación, sin *spleen*, sin quejas ni críticas desdeñosas,
Contra esas altaneras leyes de la atmósfera, del agua y de la tierra, a quienes quiero demostrar que mi alma es inasible,
Que nada de lo exterior me dominará jamás.

¡No canto solamente las alegrías de la vida, también canto las de la muerte!
El contacto admirable de la muerte que calma y entorpece instantáneamente;
Me desprendo de mi cuerpo excrementicio, que será quemado, hecho polvo o enterrado,
Mi cuerpo real me pertenece, tanto aquí como en las demás esferas que recorrerá,
Mi cuerpo externo, vacío, ya no es nada para mí; retorna al polvo, a las purificaciones, a los eternos usos de la tierra.

¡Oh a quién le fuera dado atraer por algo más que por simple atractividad!
Ignoro cómo será posible tal atracción; mas ved:
Es algo que no obedece más que a sí propio,
Es ofensivo, nunca defensivo, y sin embargo atrae magnéticamente!

¡Oh luchar contra aplastadoras superioridades, afrontar indomablemente a los enemigos!
¡Estar absolutamente solo contra ellos, para medir mejor nuestra resistencia!

¡Mirar frente a frente torturas, prisiones, rencores populares!

¡Subir al cadalso, adelantarse ante los cañones de los fusiles con perfecta indiferencia! ¡Ser verdaderamente UN GRAN DIOS! Tú, yo, ella, él, nosotros.

¡Oh hacerse a la mar en un velero!

Abandonar esta tierra firme, intolerable,

Alejarse de las calles, de las aceras, de las casas y de su abrumadora monotonía;

Abandonarte, ¡oh tierra inmóvil! y zarpar en un velero... Para bogar, bogar, bogar eternamente.

¡Oh trocar nuestra vida en un poema de nuevas alegrías, Danzar, palmotear, exaltarse, gritar, correr, saltar, dejarse mecer y flotar siempre;

Ser un marinero mundial, en marcha hacia todos los puertos, ¡Ser el velero mismo! (Mirad estas velas, desplegadas al sol y al viento.)

Un velero, rápido y sonoro,
Un velero lleno de ricas palabras,
¡Un velero cargado de alegrías! SER UN DIOS.

Saludo mundial

¡Dame la mano, Walt Whitman!
¡Comienza el desfile de las maravillas, de los espectáculos, de los estruendos!
Estas mallas se enlazan interminablemente, eslabonadas unas con otras;
Cada una de ellas las representa todas, cada cual comparte la tierra con los demás.

¿Qué es lo que se amplifica dentro de ti, Walt Whitman?
¿Qué ondas y qué colinas emergen?
¿Qué climas? ¿Quiénes son estas ciudades y estas gentes?
¿Quiénes son estos niños que dormitan y estos otros que juegan?
¿Quiénes son estas jóvenes? ¿Quiénes son estas madres?
¿Quiénes estos ancianos que se alejan en lentos grupos, enlazados amistosamente?
¿Qué ríos son esos? ¿Cuáles son esas selvas y esos frutos?
¿Cómo se llaman esas montañas que se destacan más altas que las nubes?
¿Cuáles son esos archipiélagos de hogares llenos de habitantes?

La latitud se ensancha, la longitud se extiende dentro de mí; Asia, África y Europa, están al Este, la América ha recibido en herencia el gran Oeste,
Ciñendo la hinchazón de la tierra arde el cinturón ecuatorial,

Curiosamente, al Norte y al Sur, giran las extremidades del eje,
Dentro de mí alumbra el más largo de los días, el sol gira en círculos oblicuos, en su insomnio de varios meses,
Ardiendo dentro de mí, el sol de la media noche se eleva un punto sobre el horizonte para hundirse de nuevo,
Dentro de mí se dilatan las zonas, las cataratas, las selvas, los volcanes, los archipiélagos;
La Malasia, la Polinesia y las grandes islas de las Indias Occidentales.

¿Qué oyes, Walt Whitman?
Oigo el canto del obrero y la canción de la aldeana,
Oigo a lo lejos los gritos de los niños y de los animales en la aurora,
Oigo el tumulto clamoroso de los australianos persiguiendo potros salvajes,
Oigo los bailes y las castañuelas españolas al son del rabel y de la guitarra, bajo la sombra de los castaños,
Oigo los continuos rumores del Támesis,
Oigo los salvajes himnos de libertad que vienen de Francia,
Oigo al batelero, con su voz musical, recitar antiguos poemas,
Oigo las langostas de Siria al arrasar bajo el aluvión de tus terribles nubes las cosechas y los herbajes,
Oigo el plañir del copto al sol poniente, cayendo melancólicamente en la sombra de la madre vasta y venerable del Nilo,
Oigo el cantar del bracero mexicano y las campanillas de su mula

Oigo al almuédano árabe llamar a los fieles desde lo alto de la mezquita,
Oigo a los sacerdotes cristianos en los altares de sus iglesias,
Oigo al bajo y a la soprano que les contestan,
Oigo el grito de los cosacos y la voz del marino que zarpa en Okhortsk,
Oigo las silbantes respiraciones del rebaño de esclavos en marcha, los rudos camaradas desfilando de a dos y de a tres, encadenados unos con otros por los tobillos y las muñecas,
Oigo al hebreo leyendo sus salmos y sus anales,
Oigo los armoniosos mitos de los griegos y las férreas leyendas de los romanos,
Oigo la historia de la vida divina y de la muerte sangrienta del cristo,
Oigo la hindú enseñar a su alumno favorito los amores, las guerras, los preceptos extraídos de los poetas que escribieron hace más de tres mil años y transmitidos integralmente hasta nuestros días,

¿Qué ves, Walt Whitman?
¿Quiénes son esos a quienes saludas y que, uno tras otro, te saludan?

Yo te saludo, viejo Walt.
Yo soy el viento. Y recito al viento.
Yo soy el viento entre las ramas.
Yo soy el viento entre las aves, y viceversa.

Yo soy la tinta que corre en tus letras.
Yo soy la letra que corre en tus venas.
Yo soy las venas que abrillantan tu tinta.

Soy el poema que recorre el mundo.
Aquella luz que recorre la historia.
Que recorre la vida, la libertad y la belleza.

Y soy la América transparente.
Y soy Colombia o Perú, donde tú naces.

Yo soy el viento de la democracia natural.
No de la democracia de la sociedad.
Sino de la democracia de los pájaros.

Yo soy el mago al interior del gato.
Y soy el Universo al interior del viento.
Y el viento trae a mí tus libertades.[4]

Veo una grande y redonda maravilla que rueda a través del espacio,

Veo granjas, caseríos, ruinas, cementerios, prisiones, usinas, palacios, barracones, chozas de bárbaros, tiendas de nómadas, esparcidos por la superficie;

Veo de un lado la zona obscura donde yacen los que duermen, y del lado otro la zona iluminada por el sol,

Veo los curiosos y rápidos contrastes de la luz y de la sombra,

Veo países remotos tan reales y tan próximos para sus habitantes como el mío lo es para mí.

Veo abundantes aguas,

Veo las cumbres de las montañas, la cordillera de los Andes,

Veo distintamente los Himalayas, los Thian-Chan, los Altais, los Ghattes.

[4] Anexo del editor (cursiva).

Veo las cumbres gigantes de Elbrour, de Kasbek y de Bazardionzi,
Veo los Alpes Stisianos y los Alpes Cárnicos,
Veo los Pirineos, los Balkanes, los Cárpatos, y hacia el Norte los Dovrefjeld y en alta mar el monte Heda,
Veo el Vesubio y el Etna, los montes de la Luna y las Montañas Rojas de Madagascar,
Veo los desiertos de Libia, de Arabia y de Asia,
Veo los enormes y temibles icebergs de los océanos Antártico y del Ártico,
Veo los océanos superiores y los océanos inferiores, el Atlántico y el Pacífico, el golfo de Méjico, el mar de Brasil y el mar de Perú,
Las aguas que bañan el Indostán, el mar de China y el golfo de Guinea,
Las aguas que ciñen el Japón, la espléndida bahía de Nagasaki, rodeada de montañas,
La amplitud de los mares Bálticos, del golfo de Bothnia, las riberas británicas y el golfo de Gascuña,
El Mediterráneo de claros soles y sus islas,
El mar Caspio y el mar de Groenlandia.

Percibo todos los marineros del mundo,
Unos azotados por las tempestades, otros haciendo sus guardias nocturnas,
Algunos arrastrados por las corrientes, otros infectados de enfermedades contagiosas.

Distingo todos los veleros y los vapores de los mares, unos aglomerados en los puertos, otros en plena travesía,
Los hay que doblan el cabo de las Tormentas, otros el cabo Verde, otros los cabos Guardafay, Bon y Bojador,

Otros costean el extremo de Dondrah, el estrecho de la Sonda, el cabo Lopatka y el estrecho de Behring,

Otros doblan el cabo de Hornos, surcan el golfo de Méjico, avanzan a la vera de Cuba y de Haiti por la bahía de Hudson, la bahía de Baffin,

Otros recorren el estrecho de Calais, otros penetran en el golfo de Wash, en el golfo Solwray, otros costean el cabo Cleor y el cabo Land's End,

Otros atraviesan el Escalda,

Otros vienen y van por Gibraltar o los Dardanelos,

Algunos continúan inflexiblemente su derrotero a través de los témpanos del Norte,

Otros bajan o remontan el Obi o el Lena,

Otros surcan el Níger y el Congo, otros el Indus, el Brahmaputra y el Mekong,

Otros aguardan con los fuegos encendidos, fruta para el viaje en los puertos de Australia,

Aguardan en Liverpool, en Glásgow, Dublin, Marsella, Lisboa, Nápoles, Hamburgo, Bremen, Burdeos y Copenhague, Aguardan en Valparaíso en Río de Janeiro, en Buenos Aires, en Montevideo, en Panamá.

Distingo los rieles de las vías férreas del mundo,
Veo los de Inglaterra y los del resto de Europa,
Veo los de Asia y los de África.

Veo los telégrafos electrónicos de la tierra,

Veo los hilos por donde se transmiten las nuevas de las guerras, de las muertes, de las pérdidas, de las ganancias y de las emociones de mi raza.

Veo las largas cintas de los ríos del mundo,
Veo el Amazonas, el Paraguay, el Plata,

Veo los cuatro grades ríos de la China, el Amor, el Amarillo, el Yang-tsé-kiang y el Si-kiang,
Veo los parajes que recorre el Sena, los del Danubio, los del Loira, del Ródano y los del Guadalquivir,
Veo las sinuosidades del Volga, del Dnieper, del Oder, Veo al toscano recorrer el Arno y al veneciano seguir el curso del Po,
Veo al marino griego abandonar la bahía de Egiria.

Veo los dominios del antiguo imperio de Asiria, los de Persia y los de la India;
Veo la caída del Ganges en lo alto de Sankora,

Veo los parajes donde sucesivas transformaciones surgen: la idea de divinidad se ha encarnado en formas humanas,
Veo los parajes en los cuales se han ido sucediendo todos los sacerdotes de la historia; augures, sacrificadores, bracmanes, sabios, lamas, monjes, muftís, predicadores,
Veo los bosques de Mona, caros a los druidas con sus muérdagos y sus verbenas,
Veo los templos donde yacen los cuerpos de los dioses muertos, veo los más arcaicos símbolos.

Veo al Cristo comer el pan de la Cena en medio de jóvenes y de ancianos,
Veo los parajes donde el fuerte y divino Hércules trabajó incansablemente y donde luego muriera,
Veo los países, testigos de la óptima e inocente vida y del desdichado destino del hijo nocturno, del espléndido y estatuario Baco,
Veo al florecido Knept, vestido de azul, con su corona de plumas en la cabeza,

Veo al irreprochable, al bien amado Hermes diciendo al pueblo en su agonía: *No lloréis por mi, Esta no es mi verdadera patria, he vivido desterrado lejos de ella, ahora retorno a su seno, Vuelvo a la celeste esfera donde cada uno de vosotros retornará a su tiempo.*

Distingo todos los campos de batalla de la tierra: en ellos germinan las hierbas, las flores y el trigo;
Veo los caminos seguidos por las invasiones antiguas y por las modernas expediciones.

Veo innumerables monumentos sin leyendas; mensajes venerables de los acontecimientos y de los héroes; restos de los anales desconocidos de la tierra.

Veo el país de los Sagas,
Distingo los abetos y los pinos retorcidos por las tormentas de nieve;
Los bloques de granito y las escarpadas riberas, los verdes prados y los lagos,
Veo los dólmenes funerarios de los guerreros escandinavos,
Sus altas moles de piedras a orillas del océano eternamente agitado, para que los espíritus de los muertos, hartos de la inmovilidad tumbal, puedan abandonando su encierro contemplar las galopantes ondas y saturarse de huracanes, de inmensidad, de libertad y de agitación.
Veo las estepas de Asia,
Veo los túmulos de Mongolia, las tiendas de los Kalmuros y de los Baskiros,
Veo las tribus nómadas con sus tropas de bueyes y de vacas, Veo las planicies surcadas de despeñaderos, veo las selvas y los desiertos,

Veo el camello, el caballo salvaje, la avutarda, la oveja de ancha cola, el antílope y el lobo que acecha.

Veo las tierras altas de Abisinia,

Veo pacer rebaños de cabras, veo las higueras, los tamarindos, las datileras,

Veo los campos de trébol y las extensiones de esmeralda y de oro.

Veo al boyero brasileño,

Veo al boliviano que escala el Sorata,

Veo el gaucho recorrer las pampas, maravilloso caballero revoleando el lazo, Le veo galopar detrás de las bestias salvajes, para sacarles el cuero.

Veo las regiones de la nieve y del hielo,

Veo al samoyedo y al finlandés de penetrantes miradas,

Veo al pescador de focas afirmando la lanza desde su barca,

Veo al siberiano en su trineo arrastrado por perros,

Veo a los cazadores de marsopas, veo los balleneros del Sur del Pacífico y los del Norte del Atlántico,

Veo las rocas de los precipicios, los glaciares, los torrentes, y los valles de Suiza, observo los largos inviernos y las soledades.

Veo las grandes capitales de la tierra, y me hago ciudadano, ora de unas, ora de otras,

Soy un verdadero parisiense,

Soy un habitante de Viena, de San Petersburgo, de Berlín, de Constantinopla,

Soy de Adelaida, de Sidney, de Melbourne,

Soy de Londres, de Mánchester, de Brístol, de Edimburgo, de Limerick, Soy de Madrid, de Cadíz, de Barcelona, de Oporto, de Lyón, de Bruselas, de Berna, de Francfort, de Stutgard, de Turín, de Florencia,

Formo parte de Moscou, Cracovia, Varsovia, de Cristianía, o de Estocolmo, o de Iskoutsk en Siberia, o de alguna calle de Irlanda,

Descendiendo en todas esas ciudades, luego me elevo y prosigo mi vuelo.

Veo las ciudades africanas y las asiáticas,

Argelia, Trípoli, Derna, Mogador, Tombouctou, Monzorvia,

Veo las hormigueantes multitudes de Pekín, Cantón, Benarés, Delhi, Calcuta, Tokío,

Veo al kóumano en su choza y al dahomeyano en la suya,

Veo al turco fumando opio en Alepo,

Veo las multitudes pintorescas de las ferias de Khiva y las de Heral,

Veo Teherán, Mascate, y Medina, los arenales que las separan y las caravanas que caminan penosamente,

Veo a Egipto y a los egipcios, veo las pirámides y los obeliscos.

Distingo las historias escritas con tijeras de piedra, los anales de los conquistadores y de las dinastías, grabados en tabillas de asperón o en bloques de granito,

Veo las necrópolis subterráneas de Mentis con sus momias embalsamadas y envueltas en sus sudarios, acostadas allí hace millares de años.

Contemplo al decaído tebano, sus ojos de anchas pupilas, su cuello inclinado, sus manos cruzadas sobre los pectorales.

Veo la labor de todos los parias de la tierra,

Veo a todos los prisioneros en sus prisiones,

Veo las procesiones de los seres defectuosos,

Los ciegos, los sordomudos, los cretinos, los jorobados, los locos,
Los ladrones, los piratas, los asesinos, los traidores, los negreros de la tierra,
Los huerfanillos, los viejos y las viejas abandonadas.

Por todos lados veo hombres y mujeres,
Veo la límpida fraternidad de los filósofos,
Veo las intuiciones geniales de mi raza,
Veo las cosechas de la perseverancia y de la industria de mi raza,
Veo los escalones y los colores, la barbarie, y la civilización.
Lo veo todo y en todo me mezclo indistintamente,
Y envío mi saludo a todos los moradores de la tierra.

¡Vosotros, quienquiera seáis!
¡Vos, hija o hijo de Inglaterra!
¡Vosotros de los potentes pueblos eslavos y de sus imperios!
¡Vosotros rusos de Rusia!
¡Vosotros africanos de obscura ascendencia, de piel negra y de alma divina, grandes de hermosas cabezas, formas nobles y espléndido destino, en igualdad conmigo!
¡Vosotros noruegos! ¡Suecos! ¡Daneses! ¡Irlandeses! ¡Vosotros prusianos!
¡Vosotros españoles de España!
¡Vosotros portugueses!
¡Vosotros franceses y francesas de Francia!
¡Vosotros belgas!
¡Vosotros de los Países Bajos, amantes de la Libertad!
(¡Vosotros de cuya raza he nacido yo!)

¡Vosotros sólidos austriacos! ¡Vosotros lombardos! ¡Bohemios! ¡Aldeanos de Hungría!

¡Vosotros ribereños del Danubio! ¡Obreros del Rhin, del Elba, del Weser! ¡Vosotros también, obreros!

¡Vosotros sardos! ¡Bávaros! ¡Suavos! ¡Sajones! ¡Balcos! ¡Búlgaros!

¡Vosotros romanos! ¡Napolitanos! ¡Griegos!

¡Vosotros ágiles toreros de Sevilla!

¡Vosotros libérrimos montañeses del Taurus y del Cáucaso!

¡Vosotros búkaros, pastores de caballos, guardianes de jumentos y de sementales!

¡Vosotros persas de cuerpos admirables, jinetes centáuricos que flecháis a la carrera!

¡Vosotros chinos y chinas de China!

¡Vosotros tártaros de Tartaria!

¡Vosotras mujeres de la gleba, esclavas de vuestras faenas!

¡Vosotros judíos que peregrináis hasta vuestra vejez por todas las tierras, para hollar un día la de Palestina!

¡Vosotros los demás judíos de todas las naciones, que aguardáis vuestros Mesías!

¡Vosotros armenios que ensoñáis a la orilla de una curva de Eufrates! ¡Vosotros los que pasáis las miradas entre las ruinas de Nínive! ¡Vosotros que escaláis el monte Ararat!

¡Vosotros peregrinos de rotos pies que saludáis los minaretes de la Meca brillando en la lejanía!

¡Vosotros padres y abuelos, que de Suez a Bab-el-Mandeb, gobernáis familias y tribus!

¡Vosotros que recogéis las olivas y cultiváis los campos de Nazareth, de Damasco o del Tiberíades!

¡Vosotros japoneses y japonesas! ¡Vosotros los que viviais en Madagascar, Ceylán, Sumatra, Borneo!

Todos vosotros, los de Asia, de África, de Europa, de Australia, ¡poco importa la latitud!
¡Vosotros todos, dispersados en las islas innumerables de los archipiélagos del mar!
¡Y vosotros, los de los futuros siglos cuando me leáis!
¡Y vosotros, cada uno de vosotros, en todos los lugares que no concreto, pero incluyo!
¡Salud a todos! ¡Recibid mis amistades y las de América!

Cada ser es inevitable,
Cada uno de nosotros es ilimitado, cada cual posee sus derechos de hombre o de mujer sobre la tierra,
Cada uno participa de los designios eternos de la tierra,
¡Cada uno de nosotros está aquí de una manera tan divina como la del mejor!

¡Vosotros hotentotes, con las claques de vuestro paladar!
¡Vosotros hordas de lanosa caballera!
¡Vosotros dominados por amos o caciques, que destiláis gotas de sudor, gotas de sangre!
¡Vosotros formas humanas, que tenéis la insondable y asombrosa fisonomía de las bestias!
¡Vosotros pobres koboos, de balbuceo y mente vacilantes, compadecidos por las especies más míseras!
¡Vosotros enanos de Kamtchatska, de Groenlandia, de Laponia!
¡Vosotros negros australes, desnudos, rojos, pintarrajeados de labios gruesos, que os arrastráis como reptiles!
¡Vosotros cafres, bereberes, sudaneses!
¡Vosotros beduinos soberbios, extraños, ignorantes!

¡Vosotros enjambres pestíferos de Madras, Nankín, Caboul y el Cairo!

¡Vosotros vagabundos del Amazonas, patagones! ¡Indígenas de Fidji!

Yo no antepongo los demás a vosotros, no profiero una sola palabra contra vosotros, por más que yazgáis semicultos en tales lejanías

(Yo sé que cuando suene la hora avanzaréis para colocaros a mis lados.)

Mi espíritu ha recorrido la tierra, con fortaleza y humanidad,

Ha buscado iguales y amigos, y los ha encontrado igualmente dispuestos en todas las tierras;

¡Creo que alguna divina concordancia me iguala a ellos!

Vapores de los mares, yo he zarpado con vosotros hacia los continentes lejanos; he anclado en los puertos y bajado a las ciudades;

También creo haber soplado con vosotros, ¡oh vientos!

Creo haber acariciado las riberas con vosotras, ¡oh aguas!

Creo haberme cernido en los aires y penetrado en todos los estrechos del globo,

Creo haber recorrido las penínsulas y escalado los más altos acantilados para exclamar desde cada uno de ellos: —*¡Salud al mundo!*

En toda cuidad, en la que penetran la luz y el calor, yo también penetro,

Toda isla hacia la cual vuelan las aves, yo también vuelo hacia ella.

Todo poeta que me lee: lee el viento.

En nombre de América, para todos vosotros,
Levanto perpendicularmente mi diestra,
Hago el sublime, inmortal Ademán
Para todos los hogares y las viviendas humanas.

Atravesé antaño una cuidad populosa...

Atravesé antaño una cuidad populosa, imprimiendo en mi cerebro, para recordarlas más tarde, sus curiosidades, sus monumentos, sus costumbres, sus tradiciones,

A pesar de ellos, ahora sólo recuerdo una mujer encontrada allí por azar, que me retuvo porque me amaba;

Día tras día y noche tras noche estábamos juntos; todo lo demás hace tiempo ha desaparecido de mi memoria;

Sólo recuerdo aquella mujer que se enamoró apasionadamente de mí,

De nuevo erramos juntos, nos amamos, nos despedimos,

De nuevo me retiene entre sus brazos, no queriendo dejarme partir;

Todavía la veo, de pie, contra mi pecho, con sus labios mudos, temblorosa, desolada.

Camino de las Indias Orientales

¡El canal que conduzca más allá de las Indias!
¡Oh alma mía! ¿Tus alas son bastante fuertes para vuelos tan lejanos?
¿Has sido hecha para travesías como estas?
¿Eres capaz de bogar por aguas tan ignotas?
¿Puedes hundir tu sonda más allá de donde la han hundido el sanscrito y los Vedas?
¡Si es así, no refrenes tus ímpetus!
El canal que conduzca a vuestras riberas, ¡oh viejos y altaneros enigmas!
El canal que haga posible descubriros a fondo,
¡Oh riberas sembradas de restos de esqueletos de los que en vida no pudieron abordaros!
¡El canal que conduzca más allá de las Indias!
¡Oh secreto de la tierra y del cielo!
¡De vosotras, ondas del mar, ríos y riberas sinuosas!
¡De vosotros, campos y bosques!
¡De vosotras, potentes montañas de la tierra!
El canal que conduzca más allá de vosotras, ¡oh praderas y rocas grises!
¡Oh púrpuras matinales! ¡Oh nubes!
¡Oh lluvias y nieves! ¡Oh días y noches!
¡El canal hacía vosotros, Sirio y Júpiter!
¡Hacia todos vosotros, astros del misterio!
¡Oh partir, enseguida!
¡Sólo pensarlo hace arder mi sangre!
¡En marcha, alma mía! ¡Leva anclas al instante!
¡Corta las amarras —despliega tu velamen!
Demasiado tiempo hemos yacido aquí como árboles arraigados a la tierra.

Demasiado tiempo hemos rampado aquí, comiendo y bebiendo como bestias,
Hace demasiado tiempo que nos entenebrecemos y nos idiotizamos sobre las páginas de los libros.

Navega, navega por las aguas más profundas, Alma,
Que la audacia te guíe —yo contigo y tú conmigo—,
Ahora que vamos hacia regiones que ningún marino ha osado surcar todavía,
Ahora que arriesgamos la nave, y nosotros, y todo.

¡Oh valiente alma mía!
¡Oh más lejos, más lejos todavía!
¡Oh dicha temeraria y resplandeciente de fe!
¿Acaso no son de dios todos los mares?
¡Oh navega más allá, más allá aún, siempre más allá!

¡Alma mía, creo en ti!

La plegaria de Colón

Anciano náufrago, anciano arruinado, Perdido en esta costa salvaje, lejos, muy lejos del país,
Bloqueado por el mar y por negras cumbres enemigas
Desde hace dos tristes meses,
Rendido de fatiga, de angustia, a punto de morir,
Recorro las costas de la isla
Desahogando las amarguras de mi corazón.

¡Me abruma demasiado dolor!
¡Acaso no viviré más de un día!
No puedo hallar reposo. ¡Dios mío!
No puedo comer, ni beber, ni dormir,
Antes de haber elevado a Ti mi plegaria y mi Ser,
Antes de haber respirado y haberme bañado en tu gracia, Antes de haberme confesado una vez más a Ti.

Conoces todos los años de mi vida, Mi larga vida de constante labor, no de pura adoración;
Conoces las plegarias y las veladas de mi juventud,
Conoces las meditaciones visionarias y solemnes de mi madurez,
Sabes que siempre, antes de emprender cualquier empresa te consagraba la intención y los resultados,
Sabes la constancia de mis votos, la fidelidad de mi culto,
Sabes que nunca perdí la fe ni la esperanza en Ti,
Encarcelado, aherrojado, caído en desgracia, nunca murmuré quejas,
Todo lo acepté como si emanara de Ti, como viniendo con razón de Ti.

Todas mis empresas las abordé religiosamente henchido de Ti,
Mis cálculos y mis planes los realicé pensando en Ti,
Recorrí las tierras y los mares para publicar tu gloria.
Si fueron mías las intenciones, los designios y los ímpetus, tuyos fueron los resultados,

Estoy seguro que mis impulsos emanaban de Ti;
Aquel ardor irresistible, aquella voluntad interior más potente que las palabras.
Aquellos augurios celestes que me cuchicheabas hasta en sueños,
Aquellos ímpetus que me empujaban adelante.

Gracias a ellos y a mí, la Empresa fue,
Gracias a mí, los viejos y desbordantes países pudieron expandirse,
Gracias a mí, los hemisferios fueron explorados y unidos, lo desconocido incorporado a lo conocido.

El fruto de mi Empresa, que yo no veré madurar, es todo tuyo,
Grande o pequeño —lo ignoro— acaso tan vasto como estas tierras, tan vasto como estos países,
Acaso las innumerables alimañas humanas, los seres groseros que conozco,
Trasplantados aquí, podrán elevarse a una nobleza y a una cultura dignos de Ti,
Acaso las espadas que conozco podrán ser aquí fundidas y trocadas en útiles civilizadores,
¡Quizá la Cruz reseca que conozco, la Cruz muerta de Europa, aquí podrá reflorecer y fructificar de nuevo!

¡Un esfuerzo más! ¡Este arenal desierto será mi altar!
¡Universo! tú has iluminado mi vida
Con un rayo de luz inefable, continuo —luz indecible y preciosa que iluminaba la luz misma—,
Más allá de los signos, de las descripciones y de los idiomas;
Por todo ello, ¡oh Universo!, permite que aquí, de rodillas, viejo, pobre, paralítico, con supremas palabras te solloce con mi verso:
—*¡Gracias, Universo!*
Las nubes se ciernen sobre mí,
Mis manos y mis miembros se entumecen,
Mi atormentado cerebro se extravía;
Y aunque mi cuerpo se deshaga en pedazos,
¡Yo no quiero disociarme!
Me enlazaré estrechamente a Ti, ¡oh Universo!
Aunque las olas me rechacen;
¡Me abismaré en Ti, en Ti, a quien conozco!

¿Qué es lo que ahora anuncio? ¿La intuición del profeta o las fantasmagorías de un delirante?
¿Qué sé de la vida? ¿Qué sé de mí mismo?
Nada sé, nada conozco de mi labor pasada o actual,
Sombras cambiantes pasan ante mis ojos,
Visiones de mundos nuevos y mejores, con sus partos y sus cosechas,
Visiones imprecisas que me turban y parecen burlarse de mí.

¿Qué significaron estas cosas insólitas?
¿Qué manos divinas desvendan mis ojos en pleno milagro?
¿Qué son esas formas umbrosas que pueblan los aires y me sonríen?

¿Y esas flotas con banderas de todos los pueblos que avanzan hacia aquí?
¿Y esos poetas que se enriquecen con mi lira?
¿Y esos seres donde su libertad es bosque?
¿Y esos himnos que me saludan en lenguas desconocidas?

Os he oído, suaves y solemnes armonías del órgano

Os he oído, suaves y solemnes armonías del órgano, el domingo último al pasar por la mañana frente a la iglesia,

Vientos de otoño, he oído vuestros largos y desolados suspiros al atravesar los bosques al anochecer,

He oído en la ópera los cantos del tenor italiano y los de la soprano en mitad de un cuarteto;

¡Corazón de mi amada! También te he oído a ti cantar como a la sordina a través de uno de sus brazos posados debajo de mi cabeza;

¡Anoche, cuando todo yacía en silencio, cantaban en mi oído las campanillas de su latir!

Juventud, mediodía, vejez y noche

Juventud amplia, robusta, amorosa,
juventud llena de gracia, de fuerza, de fascinación,
¿Ignoras que la vejez puede seguir tus huellas con tanta gracia, fuerza y fascinación como tú?

Día pleno y espléndido,
día de sol, de la acción, de la ambición,
día de la risa inmensa,

La noche te sigue de cerca con sus millones de soles y con su sueño y sus reconfortantes tinieblas.

Solitario pájaro de las nieves

(¡Más allá de los ochenta y tres grados —hacia el Norte— el explorador Greely oyó el canto de un solitario pájaro de las nieves, resonando en la soledad.)

Llenando mi garganta con igual alegría, con esa alegría venida de las frías y desnudas regiones árticas,
¡Imitaré tu ejemplo, pájaro solitario!
Yo también celebraré gozosamente las sábanas de nieve arrasadas de lágrimas de frío,
El frío más glacial, el que ahora me asalta
—Un pulso agónico, un cerebro sin vida—,
La vejez bloqueada por invernales neveras (fría, fría, ¡oh cuán fría!)
Estos cabellos blancos, estos brazos trémulos, estos pies helados.
Para afrontar y embellecer mi invierno polar, acepto tu fe y cumplo tu ley;
La grabo en mi corazón hasta el último Adiós,
No solamente exalto las zonas estivales, los poemas de la juventud o las cálidas corrientes del mediodía,
Aunque bloqueado por perezosos témpanos nórdicos, abrumado bajo el nevar de los años,

Con un corazón alegre
entono estos cantos.

Grave y titubeando

Grave y titubeando
Escribo estas palabras: *Los muertos,*
Pues los muertos están vivos
(Quizá son los únicos vivos, los únicos reales,
Y yo la aparición, yo el fantasma.)

Mirando labrar

Mirando al labrador labrar,
O al sembrador sembrar los campos,
o al segador segar,
También he reconocido en ellos, ¡oh vida y muerte!
vuestros símbolos.
(La vida, sí, la vida es la siembra,
y la muerte la cosecha, según lo que se fue.)

De los «Cantos de Adiós»

Camarada, esto que tienes entre las manos no es un libro, es un pájaro de aire;

Quien vuelve sus hojas, toca un hombre.

(¿Es de noche? ¿Estamos solos los dos?)

Soy yo el que os abraza y a quien abrazáis,

Salto de las páginas a vuestros brazos, la muerte es la que me envía.

Amigo querido, quienquiera que seáis, recibid un ósculo,

Os lo doy especialmente a vos, no me olvidéis;

Me siento como alguien que, concluida su jornada, reposa un instante; Ahora sufro una de mis numerosas transformaciones, paso por uno de mis infinitos «avatares»;

Una esfera desconocida, más real y directa de los que yo mismo imaginara, guía mis pasos,

—*!Adiós!*

¡Acordaos de mis palabras, pudiera ser que yo tornara de nuevo!.[5]

Os amo............ aunque me aleje de la materia,

¡Y sea ya como un ser incorpóreo, triunfante, muerto!

[5] Es la idea del Eterno Retorno, clave cardinal de la teosofía: la idea multi-milenaria que F. Nietzsche creía haber pensado antes que nadie (Nota del traductor).

Biografía

La vida es lo poco que nos sobra
de la muerte.

Walt Whitman.

Poeta estadounidense. Considerado uno de los más grandes poetas de la lengua inglesa.

Poemas relevantes: Hojas de hierba, Canto a mí mismo.

Género: Poesía

Movimiento: Trascendentalismo - Realismo.

Padres: Sir. Walter y Louisa Van Velsor Whitman.

Nombre: Walter Whitman.
Altura: 1,82 m.
Poeta estadounidense, estimado como uno de los más prolíficos creadores de Norteamérica. Se dio a conocer gracias a su uso transformador, amoroso, donde emprendió el verso libre y la poesía que eleva al hombre del común.

Yo mismo me canto
y me festejo...

1819. Nace Walt el 31 de mayo en una casa construida por su propio su padre en West Hills, Long Island. Fue el segundo de los nueve hijos de Walter (un carpintero) y de Louisa Van Velsor Whitman. Su familia materna y paterna vivían en América desde hacía ciento cincuenta años.

1823. Se traslada con su familia a Brooklyn, donde estudia hasta la edad de diez años.

Ya en su adolescencia se desempeña como aprendiz en una imprenta y trabaja como ayuda en un bufete de abogados. Después se emplea en un periódico, en el cual empieza a ascender de cargo.

1835. Se muda a Nueva York para trabajar como tipógrafo.

1837. Viene la crisis conocida como "Pánico de 1837" y W. Whitman se queda sin empleo. Vive penurias y consigue trabajar como maestro algún tiempo, siendo contratado por un pueblo que no podía pagarle mucho; es más, ni siquiera había una escuela en el pueblo y ésta se improvisaba al aire libre. Fue un docente muy blando en una época donde la disciplina y la rigidez eran la norma.

1838. El escritor funda "The Long Islander" (periódico). Publica cuentos de muy baja calidad y poemas sin originalidad, así como discursos políticos.

1839. Vende el periódico. Lamentablemente existen muy escasos registros de dicho trabajo. Vuelve a su empleo de tipógrafo.

1840. Publica artículos editoriales. La iglesia presbiteriana lo acusa de cometer sodomía con algunos de sus estudiantes.

1842. Escribe "Franklin Evans, el borracho", su única novela.

1848. Se alinea con el Partido Barnburner y es delegado para el Partido de la Tierra Libre.

1850. Inicia la escritura de lo que se llamaría luego "Hojas de hierba", colección de poesía que corrige y publica por el esto de su vida, de la cual forman parte poemas monumentales como el "Canto a mí mismo" y "Ecos de la vejez". Utiliza el verso libre con una candencia basada en la biblia. En esta obra enaltece el cuerpo y enaltece el gozo de los sentidos, pero se vio obligado a pagar él mismo los gastos de publicación y a colaborar en las labores de impresión.

1855. Imprime la primera versión de "Hojas de hierba", con 795 ejemplares; en el cuerpo del texto contaba de sí mismo: "*Walt Whitman, un americano, uno de aquellos duros, un cosmos, desordenado, carnal y sensual, no sentimental, no por encima de hombres o mujeres o aparte de ellos, no más modesto que inmodesto...*". Ralph Waldo Emerson escribió una reseña elogiando la obra de Walt, que muy pronto se catapultó como un fenómeno y recibió las críticas que, al final, le hicieron crecer. Diferentes autores de renombre dijeron del libro cosas como "basura profana y obscena", y dijeron del autor que era un "gil pretencioso" o "un tipo bisexual y delirante". Las críticas hacían un énfasis en el contenido sexual del libro. De hecho, el editor se mostró reticente a publicar la segunda edición. Este año fallece su padre a la edad de 65 años.

1856. Segunda edición de "Hojas de hierba".

1859. Abandona su trabajo en editoriales (no se sabe si lo despiden o si el autor renuncia).

1860. Re-edición corregida de "Hojas de hierba".

1862. Se origina la Guerra Civil en Estados Unidos. El New York Times publica una lista de muertos. Whitman lee el nombre de su hermano. Sale en busca de su cadáver. Le roban la billetera. El hermano estaba vivo. El poeta se marcha a la ciudad de Washington con la intención de no volver nunca a Nueva York.

1863. En Washington trabaja de enfermero voluntario ayudando a los soldados heridos y escribe en sus ratos libres. Su hermano George es capturado por los confederados de Virginia. Y Andrew, otro de sus hermanos, fallece víctima de la tuberculosis. Su hermano Jesse es puesto en el manicomio.

1865. Luego de vivir penurias económicas consigue un empleo en la oficina de los asuntos indios, con un salario de 1.200 dólares. Publica el libro "Redobles de tambor". Es despedido de su trabajo cuando los directores leen la supuesta inmoralidad en "Hojas de hierba". **Drum-Taps**, que se publica por primera vez este año, es una colección de poesía escrita por Walt durante la Guerra Civil estadounidense; se adicionaron 18 poemas más adelante para crear Sequel to Drum-Taps, muestra de la preocupación del poeta por las consecuencias tan severas de la Guerra Civil estadounidense.

1866. O´Connor, escritor y amigo, le ayuda a encontrar trabajo en la oficina de un fiscal y publica un libro en su homenaje: "El buen poeta gris", panfleto que se vendía por 50 centavos y defendía la imagen de Whitman, lo cual acrecentó su fama, sumado a la publicación del poema "!Mi capitán, Oh, mi capitán", poema en homenaje a Abraham Lincoln. Hace una edición corregida de "Hojas de hierba".

1867. Edición corregida de Hojas de hierba.

1868. William Rosetti publica en Inglaterra su poesía, donde alcanza la fama.

1871. Edición corregida de Hojas de hierba.

1872. Cuida a su madre, enferma de artritis. Viaja. Imparte conferencias. Escribe discursos.

1873. Sufre un accidente cerebrovascular. De Washington se muda a New Jersey con su madre y uno de sus hermanos. Muere su madre. Se deprime bastante. Logra luego conseguir casa propia. Hace tres ediciones corregidas de Hojas de hierba. Recibe la visita del escritor Oscar Wilde y del pintor Thomas Eakins.

1875. Publica "Memorias de la guerra", libro sobre sus recuerdos de la guerra civil.

1876. Edición corregida de Hojas de hierba.

1881. Edición corregida de Hojas de hierba.

1884. Compra la casa de su familia, en el número 328 de la Calle Mickle. Se enamora de una vecina viuda de un marino.

1885. Mary Oakes Davis, la vecina, se muda a su casa y como pago de alquiler hace las veces de ama de llaves. La mujer trae a la casa un gato, un perro, un canario, dos tortugas y diferentes animales domésticos.

1889. Edición corregida de Hojas de hierba.

1891. Prepara la edición del libro "Del lecho de muerte". Anuncia que, por fin, termina "Hojas de hierba". Escribe una nota: "*Hojas de hierba al fin completo, luego de treinta y tres años de mutilaciones, en todos los tiempos y humores de mi vida, en clima pobre y completo, en todas partes de la tierra, en paz y en guerra, joven y anciano*".

Whitman, previniendo su muerte, pagó unos cuatro mil dólares para erigir un mausoleo de granito con forma de casa.

1892. Muere el 26 de marzo en Candem, New Jersey.

1897. Editan "Ecos de muerte", un libro que llegaría a traducir Jorge Luis Borges.

***

Se convirtió en el poeta norteamericano más popular y amado, y el primero en desligarse de las imposiciones de la poesía inglesa. Escribió una poesía diferente a la creada en su época. Se lo considera el fundador de la poesía moderna en el s. XIX.

Whitman peregrinó entre trascendentalismo y realismo, uniendo ambas visiones y estéticas en su poesía.

Hojas de hierba se convirtió en un canto a la vida, a la naturaleza, al hombre, al nacimiento de la Democracia, a la grandeza del ser común, sin etiquetas ni géneros; presentó como novedad un tipo de versificación no usado hasta entonces, y que se alejaba totalmente del que había utilizado en poemas anteriores.

La sencillez es la gloria de la expresión.
Walt Whitman

Contenido

Libro recomendado
EN LOS BURDELES (Libro prohibido).
Autor: Kavafis.
Disponible en Amazon, en Papel y E-book.

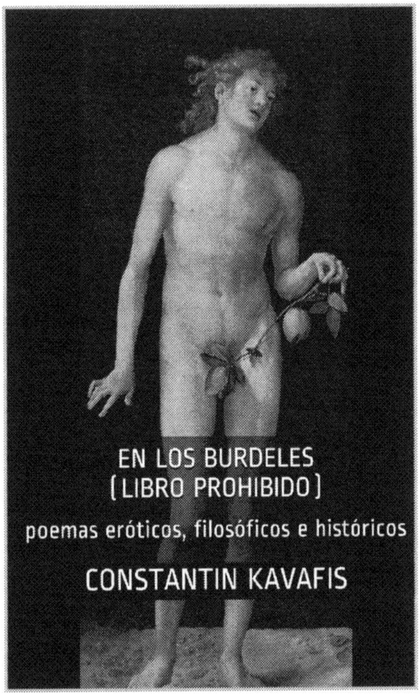

Libro recomendado
PENSAMIENTOS DE DIÓGENES EL CÍNICO.
Autor: Diógenes de Sinope.
Disponible en Amazon, en Papel y E-book.

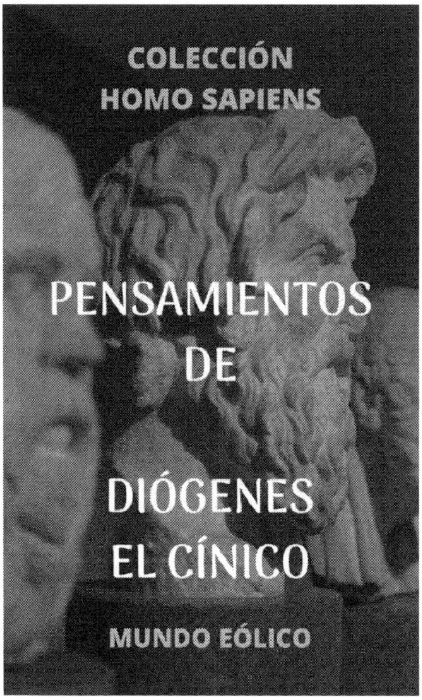

El Quijote Literario - Poesía
Libros de esta colección

1. Campanas encendidas. Oscar Delgado.
2. El espejo de agua. Vicente Huidobro. Antología.
3. Altazor - Temblor de cielo. Vicente Huidobro.
4. Poeta en Nueva York. Federico García Lorca.
5. Obra poética completa. César Vallejo.
6. Yo en el fondo del mar. Alfonsina Storni.
7. Azul. Rubén Darío.
8. Horizonte Cuadrado. Vicente Huidobro.
9. Poemas Árticos. Vicente Huidobro.
10. Ciudadano del olvido. Vicente Huidobro.
11. En los burdeles (libro prohibido). Kavafis.
12. El matrimonio del cielo y el infierno.
13. Poesía. Antología imprescindible. Unamuno.
14. La gruta del silencio. Vicente Huidobro.
15. Últimos poemas. Vicente Huidobro.
16. La amada inmóvil. Amada Nervo.
17. Canciones en la noche
18. Antínoo. Fernando Pessoa
19. Homenaje a Bukowski. David Donatti.
20. Los heraldos negros. César Vallejo
21. Trilce. César Vallejo.
22. Poemas en prosa. César Vallejo.
23. Poemas humanos. César Vallejo.
24. España, aparta de mí este cáliz. César Vallejo.
25. Obra poética completa. José Martí.
26. Rimas y leyendas. Gustavo Adolfo Bécquer.
27. Poema del Cante Jondo. Federico García Lorca.
28. Libro de poemas. Federico García Lorca.
29. Diván del Tamarit, Oda a Salvador Dalí y Sonetos del amor oscuro. Federico García Lorca.
30. Canciones. Federico García Lorca.
31. Poemas sueltos. Federico García Lorca.
32. Romancero gitano. La balada de Caperucita. García. Lorca
33. Cancionero y romancero de ausencias. Miguel Hernández.
34. Viento del pueblo. Miguel Hernández.
35. El gaucho Martín Fierro. José Hernández.
36. Tierra de promisión. José Eustasio Rivera.
37. Los poetas Malditos. Paul Verlaine.

38. Nuevas canciones. Antonio Machado.
39. Poesía Completa. Ramón Vallé Inclán.
40. Iluminaciones. Arthur Rimbaud.
41. Poesía completa. James Joyce.
42. Paraíso perdido. John Milton.
43. Regreso de la muerte. Tomás Vargas Osorio.
44. El cuervo y otros poemas. Edgar Allan Poe.
45. Canto a mí mismo. Walt Whitman.
46. Una temporada en el infierno. Arthur Rimbaud.
47. Oda marítima. Fernando Pessoa.
48. La divina comedia (en verso). Dante Alighieri.
49. La divina comedia (en prosa). Dante Alighieri.
50. Hojas de hierba. Walt Whitman.
51. El barco ebrio (cartas del vidente). Arthur Rimbaud
52. Jaime (poesía completa). Emilia Pardo Bazán.

Proyecto Whitman
COLECCIÓN DE POESÍA
Volumen 50

No serás el dueño de otros
ni tampoco su esclavo.
Joyce

PROMETEO ENAMORADO

Cada mañana el amor viene
y me devora las entrañas.

[David Donatti]

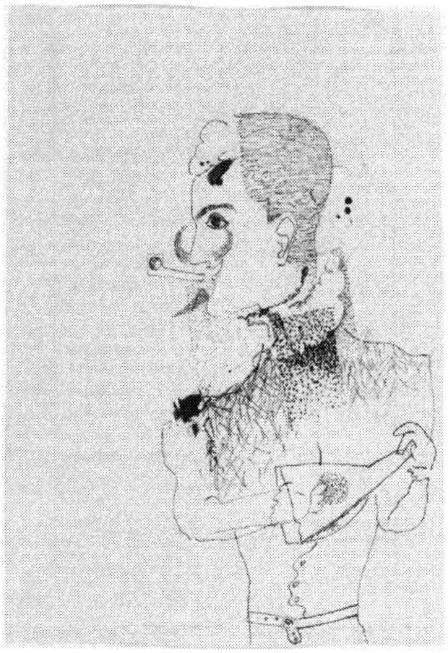

Este libro se editó en
Bogotá, Colombia, en
junio de 2022, por
El Quijote Literario.

[Editorial Mundo Eólico]

Made in the USA
Columbia, SC
23 May 2024

c0605f1a-5b43-4be4-a925-289eac1b3ac3R01